PHYSIOLOGIE

DES ÉCOLES

EN VINGT-SEPT LEÇONS FACILES

PAR

MISTRESS CHARLES BRAY

TRADUIT SUR LA TROISIÈME ÉDITION
AVEC L'AUTORISATION SPÉCIALE DE L'AUTEUR
PAR B. MAURICE
De l'ancienne École Normale supérieure

PARIS

C. BORRANI, LIBRAIRE-ÉDITEUR

RUE DES SAINTS-PÈRES, 9

PHYSIOLOGIE

DES ÉCOLES

EN VINGT-SEPT LEÇONS FACILES

« Nous sommes convaincus que les classes laborieuses pourraient prévenir, dans une proportion notable, les maladies qui
les affligent ; d'un autre côté, nous voyons souvent le traitement
médical le plus éclairé échouer chez elles, parce qu'elles ignorent
ou négligent les conditions dont dépend essentiellement la santé.
Nous sommes en conséquence d'avis que si l'on faisait entrer
dans le programme de l'enseignement primaire les éléments de
physiologie et leur application à l'hygiène, ce serait un excellent moyen de prévenir les maladies, d'assurer la santé de l'esprit et du corps. Nous ne doutons pas que ces notions élémentaires n'intéressent vivement les enfants ; qu'il ne soit convenable
et facile de les leur faire donner dans les écoles primaires par
des maîtres qui en auraient eux-mêmes reçu une connaissance
suffisante. »

*(Opinion de 65 des principaux médecins et chirurgiens de
Londres, sur l'importance de l'enseignement de l'hygiène
dans les écoles primaires. Londres, mars 1853.)*

PHYSIOLOGIE

DES ÉCOLES

EN VINGT-SEPT LEÇONS FACILES

PAR

MISTRESS CHARLES BRAY

TRADUIT SUR LA TROISIÈME ÉDITION
AVEC L'AUTORISATION SPÉCIALE DE L'AUTEUR
PAR B. MAURICE
De l'ancienne École Normale supérieure

PARIS

C. BORRANI, LIBRAIRE-ÉDITEUR
RUE DES SAINTS-PÈRES, 9

1863

PRÉFACE DE L'AUTEUR.

Ce petit livre est surtout destiné aux écoles primaires ;
je me suis proposé d'y expliquer aux enfants des classes
laborieuses, autant que leur âge le comporte, ce qu'il faut
savoir de la nature de nos organes et des fonctions vitales
pour posséder quelques idées correctes sur les moyens de
prévenir les maladies et de conserver la santé.

Il est reconnu aujourd'hui comme tout à fait désirable
que les éléments de physiologie et d'hygiène fassent partie
de l'enseignement primaire, et il a été publié d'excellents
ouvrages dans ce but. Mais il parait que jusqu'à présent
il ne s'en est produit aucun assez simple, assez sommaire
pour s'adapter réellement à l'intelligence de la majorité
des enfants qui les suivent ; soit qu'on y explique de
l'organisme vital, si compliqué, plus qu'il n'est nécessaire
pour l'objet qu'on se propose d'atteindre, ou qu'on y
emploie un langage technique qui ne fait qu'une impression confuse et fatigante sur de jeunes esprits, pour lesquels ces matières sont toutes nouvelles.

Dans les villes manufacturières, où il serait surtout
utile de donner cette instruction à celles qui doivent devenir des femmes et des mères d'ouvriers, les jeunes filles sont
souvent retirées de l'école de très-bonne heure, avant que

leur intelligence soit assez mûre pour acquérir d'autres connaissances que les plus élémentaires et les plus simples. Cependant les quelques années qu'elles passent à l'école avant de se livrer aux travaux du reste de leur vie, dans les manufactures, les ateliers et l'intérieur du ménage, sont peut-être la meilleure, la seule occasion qu'elles auront jamais d'acquérir un petit nombre d'idées saines au sujet de la santé et des moyens de la conserver.

J'aime à espérer que dans les mains d'un maître d'une capacité moyenne, et à l'aide de quelques bonnes planches à l'usage des écoles, ce petit livre pourra familiariser les enfants de la classe nécessairement la plus exposée aux maladies, avec les moyens naturels de les prévenir. Il va de soi qu'un maître intelligent saura toujours développer ces courtes leçons et les appuyer d'exemples à la portée de ses élèves. Il est à observer que les *questions* et les *réponses* ne sont pas destinées à être apprises par cœur, mais seulement à guider le maître et à lui indiquer les points sur lesquels il doit surtout appuyer dans chaque leçon.

Je ne puis m'empêcher d'espérer aussi que ce petit livre ne sera pas exclusivement relégué dans les écoles, mais qu'il pourra faire quelque bien partout où des notions de ce genre seraient avantageuses si elles étaient présentées brièvement et avec simplicité.

Il nous reste encore quelques spécimens de la classe à laquelle appartenait cette vieille femme qui se disait affligée d'un « soulèvement de ses intestins » et qui, en conséquence, « avalait des balles de plomb pour les forcer à redescendre; » cette mère qui attribuait les maladies nerveuses de sa fille « au vent de ses veines, qui rassemblait le sang en tas et produisait un gargouillement dans l'intérieur du corps; » ce père « qui ne s'étonnait pas que son garçon fût si malade, puisque le docteur lui avait dit que le cœur était sorti de sa poche. » Combien d'autres à qui quelques idées plus saines sur les causes de la maladie, épargneraient bien des souffrances ; combien qui cherchent la cure de tous leurs malaises dans les spiritueux, les drogues et les pilules, et qui, pour tous les cas de perte d'appétit, ont recours aux « bons morceaux, » c'est-à-dire à quelque chose de plus excitant, de moins digestible que les aliments ordinaires !

En vérité, ce n'est pas exagérer que d'attribuer la détérioration de la santé, dans beaucoup de familles, à la rage de se droguer et au peu de discernement avec lequel on s'y livre ; témoin la mère de ce pauvre enfant malade, qui disait : « Il devrait être guéri cependant ; je lui ai fait prendre tout ce qui restait de médecines dans des bouteilles à la mort de son grand père. »

Je pense donc qu'une circulation plus abondante, au moyen des bibliothèques communales et par d'autres canaux, d'ouvrages de physiologie et d'hygiène, ne rebutant ni par leur étendue ni par leur style, contribuerait à mettre en plus grand crédit l'air pur, l'eau et le savon, une nourriture saine et des habitudes de tempérance.

C. B.

OPINIONS

DE QUELQUES MÉDECINS ANGLAIS.

Je considère la *Physiologie à l'usage des Écoles* de mistress Charles Bray comme un excellent livre élémentaire, et comme un livre publié fort à propos. Les sujets y sont disposés dans un ordre judicieux et clairement expliqués. J'espère que ce petit ouvrage pourra amener l'introduction de la physiologie dans le programme de tous nos établissements d'instruction publique. Il pourra aussi être très-utile dans les familles.

Sir JAMES CLARK, baronet, D. M.

J'ai lu avec une satisfaction toute particulière le petit livre de mistress Bray ; il contient les notions les plus utiles, dans les termes les plus clairs et sans la moindre affectation d'aucune espèce. Bien que son titre indique qu'il a été écrit pour les écoles communales, je crois qu'on le pourrait, avec grand avantage, introduire dans tous les établissements d'instruction publique. Jusqu'ici les jeunes gens des deux sexes, et appartenant à toutes les classes de la société, ont été laissés dans une complète ignorance de la structure et des fonctions du corps humain aussi bien que des moyens de le conserver en bonne santé, ou ils n'ont recueilli à cet égard que des notions que rien ne justifie, quand elles ne sont pas complétement erronées. Cependant des idées saines de physiologie et d'hygiène seraient fort importantes pour tous tant que nous sommes, pour le riche et pour le pauvre. La santé est le seul capital du pauvre, et son interruption détruit tout le bonheur du'riche.

John Conolly, D. M.

Si les personnes qui se vouent à l'instruction de la jeunesse n'étaient pas elles-mêmes privées de connaissances à ce sujet, elles verraient dans la structure et les fonctions de la machine humaine, la plus merveilleuse de toutes les machines, une matière admirablement propre à faire partie de l'enseignement primaire. Les faits simples, quoique multiples, qui servent de base à la physiologie, sont aisés à comprendre, curieux et intéressants au plus haut degré.

J'ai été témoin, avec une singulière satisfaction, qui n'était pas sans un mélange de surprise, de la vive attention que ces faits excitent dans l'esprit de très-jeunes enfants. Dès qu'on les a bien compris, il est presque impossible de les oublier, et jamais ils ne se représentent à l'esprit sans y exciter une partie de l'étonnement et de l'admiration qu'ils y ont fait naître, quand on les lui a révélés pour la première fois.

L'idée seule d'ouvrir aux enfants de nos écoles ce trésor de connaissances si utiles, me paraît en soi digne de toutes sortes d'encouragements. J'ajouterai que le petit livre de mistress Bray me semble parfaitement réussi. Les sujets de ces leçons élémentaires sont judicieusement choisis ; ils sont simples, clairement et correctement expliqués.

Je me suis longtemps étonné que les mieux élevés dans les hautes classes et les classes moyennes, pour ne pas parler des plus pauvres, restent dans une ignorance regrettable, je dirai presque honteuse, des matières qui concernent tout être humain, et dont la connaissance tendrait à assurer à tous ce qu'il y a de plus désirable en ce monde : *Un esprit sain dans un corps bien portant.*

Southwood Smith, D. M.

Celui qui entreprendrait de conduire une locomotive sans connaître suffisamment toutes les parties d'une pareille machine et ce qui est nécessaire à son entretien, serait regardé comme téméraire, comme insensé. Or, chacun de nous a dans son corps une machine plus délicate, plus compliquée qu'aucune machine à vapeur, et jusqu'ici la plupart d'entre nous, pour la diriger, n'ont reçu d'autre instruction que celle qu'ont pu leur donner des parents fort ignorants en général.

C'est ce qui explique pourquoi on laisse mourir tant d'enfants sur le seuil même de la vie ; pourquoi si peu de personnes, au milieu de leur carrière, jouissent d'une parfaite santé de l'esprit et du corps ; et pourquoi le nombre de celles qui atteignent 70 ans et au delà est relativement si petit. C'est encore ce qui explique directement ou indirectement une grande partie de tout ce qui est mal dans la société.

Il n'y a que bien peu de temps qu'on commence à apprécier l'importance de ce sujet, sur lequel se publient en ce moment une foule de bons livres sous les titres de : *Physiologie, Hygiène, Manuel de santé*, etc., etc., parmi lesquels il faut placer au premier rang la *Physiologie des Écoles*, de mistress Bray.

Neil Arnott, D. M.

TABLE DES MATIÈRES.

PREMIÈRE PARTIE.

SECONDE PARTIE.

PREMIÈRE PARTIE.

PREMIÈRE LEÇON.

LE SOIN DE NOTRE SANTÉ EST L'UN DE NOS DEVOIRS.

C'est une obligation naturelle de nous maintenir en bonne santé, autant qu'il peut dépendre de nous, afin d'être en état de remplir nos devoirs dans cette vie, de faire un meilleur usage des bienfaits que Dieu nous a départis, et d'être utile aux autres au lieu de leur être à charge. Bien peu de gens sont vraiment heureux ou vraiment utiles, s'ils sont souffreteux ou malades.

Chacun de nous a sa tâche à accomplir en ce monde; nul n'a été créé pour demeurer oisif. Quelques-uns doivent travailler de leurs mains, c'est de la tête que d'autres le doivent faire; travail des mains ou de la tête, nous ne saurions rien faire de bon, si notre corps et notre esprit ne sont en état de santé.

Abandonné à lui-même, notre corps ne se conserverait pas plus en bonne santé qu'il ne se maintiendrait en vie. Nous savons que pour maintenir notre corps en vie, nous devons y introduire deux choses : la nourriture et l'air; mais pour le conserver en bonne santé, il faut que cette nourriture soit saine, que cet air soit pur. Il faut de plus que nous soyons propres et tempérants; que nous ayons suffisamment d'exercice le jour, suffisamment de repos la nuit.

Si nous connaissons l'usage auquel sont destinées les diverses parties de notre corps, telles que les poumons, le cœur, l'estomac, nous comprendrons mieux ce qui leur convient pour les conserver en bon état : comme un homme prendra un soin plus intelligent de sa pendule ou de sa montre, s'il comprend bien l'usage des roues, des ressorts, des poids différents qui s'y trouvent renfermés. Bien des gens tombent chaque jour malades et meurent, qui auraient prévenu la maladie, s'ils avaient possédé sur l'organisation du corps humain quelques notions plus exactes.

La maladie d'un individu peut entraîner celle de plusieurs autres; ainsi, qu'un seul enfant soit atteint de la petite vérole, il peut propager cette maladie et occasionner la mort d'un plus grand nombre. Cet enfant n'aurait pas eu la petite vérole, s'il eût été vacciné; donc un peu plus de soin eût pu sauver non-seulement une existence, mais plusieurs.

Nous ne saurions être malades, de quelque façon
que ce soit, sans déranger ceux au milieu de qui
nous vivons, sans leur occasionner des dépenses et
des pertes de temps. Donc, dans l'intérêt des autres,
aussi bien que dans le nôtre, nous devrions nous ef-
forcer d'apprendre et de mettre en pratique, dans les
limites du possible, les moyens d'éviter la maladie.

Nous ne pouvons prévenir toutes les maladies,
toutes les indispositions; mais il est d'expérience
qu'on en prévient un très-grand nombre, quand on
sait prendre un soin judicieux de sa santé.

Les enfants eux-mêmes peuvent acquérir quelques
notions de la structure merveilleuse du corps humain. Quand ils seront plus âgés, ils en apprendront davantage; et plus ils en apprendront, plus ils
verront clairement la bonté de Celui qui nous a faits
tels que nous sommes, plus ils sentiront que c'est un
devoir pour nous de veiller à notre propre conservation et de faire un bon usage du don qu'il nous a fait
de la vie.

DEMANDE. Est-il convenable de prendre soin de notre
santé ?

RÉPONSE. Oui : tant dans l'intérêt des autres que dans
notre propre intérêt.

D. De quoi avons-nous besoin pour nous conserver en
vie ?

R. De nourriture et d'air.

D. De quoi avons-nous besoin pour nous maintenir en
bonne santé?

R. D'une nourriture saine, d'air pur, de propreté, d'exercice et de sommeil.

DEUXIÈME LEÇON.

POURQUOI SOMMES-VOUS OBLIGÉS DE PRENDRE DE LA NOURRITURE[1] ?

Si l'on vous demande pourquoi faut-il que nous prenions de la nourriture? Vous répondrez : parce que nous avons faim, et que nous mourrions d'inanition, si nous ne prenions pas d'aliments.

Mais pourquoi avons-nous faim? D'où vient que si nous restions sans nourriture, notre corps s'amaigrirait de plus en plus, que notre chair disparaîtrait et que bientôt nous n'aurions plus que la peau sur les os?

Où s'en va notre chair, quand nous maigrissons? Est-ce qu'une poupée en bois ou une statue en pierre s'amincissent chaque jour, parce qu'on ne les nourrit pas?

Ce qui fait que nous avons besoin de nourriture, et que nous maigrissons si elle vient à nous manquer, c'est que toutes les parties d'un corps vivant s'usent constamment pour soutenir la vie; à peu

---

1. Dans ces premières leçons on ne s'est proposé de donner qu'une idée générale des phénomènes de déperdition et de réparation; le sujet est traité avec plus de développement dans les suivantes.

près comme le charbon de terre dans la grille et le bois dans la cheminée s'usent pour maintenir le feu.

Le charbon de terre et le bois s'amoindrissent à mesure qu'ils maintiennent le feu allumé; la substance de notre corps s'amoindrit, elle aussi, à mesure qu'elle entretient la vie au dedans de nous.

Si nous négligeons de jeter de nouveau charbon ou de nouvelles bûches dans le feu, celui-ci s'éteint graduellement; si nous ne prenons pas de nourriture, la vie devient en nous de plus en plus faible à mesure que le corps s'épuise, et elle s'éteindrait tout à fait faute de nouveaux aliments, comme la dernière étincelle s'éteint dans la grille ou dans la cheminée, faute d'un supplément de combustible.

Plus vif est le feu, plus vite se consume le bois ou le charbon de terre; plus il y a de vie dans le corps humain et plus il prend d'exercice, plus vite il use les aliments et plus il en demande. Les aliments sont donc pour le corps humain ce que les combustibles sont au feu.

Si nous pouvions regarder dans l'intérieur de notre corps, nous verrions que chacune des parties qui le composent s'use constamment, parce que chacune d'elles est constamment en mouvement. Posez la main sur votre côté gauche, vous sentirez battre le cœur; posez le doigt sur votre poignet, vous sentirez courir le sang. Bien que dans certaines autres parties du corps le mouvement soit trop délicat pour être vu ou senti, cependant il n'y a de repos absolu dans aucune partie d'un corps vivant; il s'opère des changements et des mouvements au dedans de nous, que nous soyons éveillés ou endormis, assis, couchés ou en marche.

Maintenant, partout où il y a mouvement, il doit de toute nécessité y avoir usure et déperdition. Dans une machine à vapeur ou dans un métier à tisser, les différentes parties de l'appareil s'usent sans cesse à force de frotter les unes contre les autres; plus rapide est leur mouvement, plus vite elles se détériorent. Il en est de même d'un corps vivant; plus **vif** est le mouvement des parties, plus nous nous donnons d'exercice, plus nous remuons notre corps, plus nous faisons travailler nos membres, plus vite aussi marchent l'usure et la déperdition, plus il faut de nourriture pour réparer nos pertes.

Mais l'usure, la déperdition qui se produisent dans un corps vivant ne sont pas les mêmes qui se remarquent dans une machine; elles ressemblent plutôt à la combustion du charbon dans la grille ou à celle du bois dans la cheminée. Une partie du combustible qui a été soumis à l'action du feu et est devenu inutile, se change en gaz et s'échappe par la cheminée; à peu près de la même manière ces parties de la substance de notre corps qui ont servi d'aliment à la vie et qui sont devenues inutiles, se changent en haleine, en transpiration, en urine, etc., et sont chassées au dehors.

Nous avons donc besoin chaque jour d'une certaine quantité de nourriture pour nous maintenir en vie. Si celle que nous prenons est égale à nos pertes, elle nous suffit; si elle est moindre que la perte éprouvée par notre corps, elle n'est pas suffisante, notre santé s'affaiblit et nos forces diminuent.

D. Pourquoi sommes-nous obligés de prendre de la nourriture?

R. Pour réparer l'usure de notre corps.

D. Qu'est-ce que la transpiration, l'haleine, l'urine, etc.?

R. Une partie des matériaux usés qui sortent de notre corps.

TROISIÈME LEÇON.

POURQUOI DEVONS-NOUS NOUS LAVER?

La transpiration se dégage par les *pores* : c'est ainsi qu'on appelle les trous de notre peau, trop petits généralement pour être aperçus autrement qu'au microscope, mais qui s'étendent très-rapprochés sur toute la surface du corps.

La transpiration sort sans cesse par toutes les parties de notre peau. Approchez le bout de votre doigt très-près d'un carreau de vitre, mais sans cependant le toucher tout à fait, vous verrez ce carreau devenir trouble et humide. C'est parce que la transpiration est sortie de votre doigt et s'est fixée sur la surface du verre. Si l'on approchait celui-ci d'une autre partie quelconque du corps, il deviendrait pareillement terne et humide.

Lorsque nous avons très-chaud, la transpiration sort très-vite, et nous la pouvons voir distinctement sur notre peau en forme de gouttes d'eau.

La transpiration est formée en partie d'eau, et en partie d'une matière graisseuse qui demeure seule sur la peau, après que la partie aqueuse s'est desséchée au contact de l'air. C'est cette matière graisseuse qui fait que notre peau et nos vêtements deviennent sales d'eux-mêmes, sans que nous fassions rien pour les rendre tels. A moins donc que nous ne lavions notre peau souvent et que nous ne changions de vêtements, l'expérience nous a appris que cette crasse devient désagréable à la vue et à l'odorat.

Il est de plus nécessaire à la santé que la peau soit tenue dans un état constant de propreté; si des saletés demeurent sur la peau, elles en bouchent les pores, et celle-ci ne peut plus aussi facilement sécréter les matières inutiles et usées.

Ces matières, si on les laisse sur le corps, lui sont très-nuisibles. C'est pour cela que les personnes qui n'ont pas soin de se laver assez souvent, sont plus susceptibles de s'enrhumer et de contracter diverses maladies que d'autres qui se tiennent plus proprement. Quelques individus se croient suffisamment propres, s'ils se lavent chaque matin la figure et les mains. Mais comme la transpiration sort continuellement par toutes les parties du corps, celui-là seul peut se dire réellement propre qui se baigne régulièrement le corps tout entier.

Les vêtements que nous portons immédiatement sur la peau s'imprègnent continuellement des parties impures de la transpiration ; la crasse qui s'attache à ces vêtements est aussi nuisible aux fonctions de la peau, que si elle lui était adhérente. Chacun sait quel sentiment de comfort nous éprouvons quand, après un bon bain, nous revêtons du linge bien blanc. Cet état de bien-être est dû surtout à ce que les pores de la peau et ceux du linge, sont alors parfaitement ouverts.

Les savants qui ont examiné la peau humaine au moyen d'un microscope suffisamment puissant, n'ont pas compté moins de 3,000 pores par chaque pouce carré (29 millimètres). Quelques-uns des plus grands de ces interstices peuvent être vus sans microscope à la paume de la main, où ils apparaissent comme de tous petits points le long des légers plis de la peau.

D. Pourquoi faut-il se laver et changer de vêtements ?

R. Parce qu'une partie de la transpiration s'arrête sur la peau et les vêtements, et les rend sales.

D. Pourquoi la santé est-elle compromise si nous laissons notre peau s'encrasser ?

R. Parce que la crasse empêche la peau de donner passage aux matières impures et usées que le corps veut rejeter.

QUATRIÈME LEÇON.

POURQUOI FAUT-IL TENIR NOS CHAMBRES BIEN AÉRÉES?

L'haleine sort du corps par la bouche et les narines. Elle est composée en partie d'eau et en partie d'air vicié.

L'eau, vous la pouvez voir aisément si vous respirez près d'une vitre. La chaleur qui est à l'intérieur de notre corps change l'eau en vapeur; mais le froid de l'air extérieur fait bientôt revenir celle-ci à l'état d'eau; si vous respirez sur quelque objet que ce soit, vous le rendrez humide.

L'air vicié qui se trouve dans l'haleine, vous ne le sauriez voir; mais il se fait aisément sentir lorsqu'un certain nombre de personnes sont renfermées dans une chambre bien close, où l'on n'a ouvert ni portes ni fenêtres pour permettre au mauvais air de sortir et à l'air frais d'entrer.

Dans une telle chambre, les gens se sentent bientôt incommodés et près de se trouver mal, parce qu'ils sont obligés de respirer de nouveau l'air vicié qu'ils viennent d'expulser et aussi les matières impures qui s'y trouvent mêlées. Si l'on renfermait un homme dans une boîte, il mourrait au bout de quelques minutes, parce que cette boîte se remplirait de son haleine qu'il serait forcé de respirer plusieurs fois, sans aucun mélange, pour ainsi dire, d'air frais.

Il y a dix ans environ, des passagers qui se rendaient d'Irlande à Liverpool à bord d'un bâtiment à vapeur, perdirent la vie, parce que le capitaine ne s'était pas rendu compte du danger qu'il y a de respirer plusieurs fois le même air. Ce capitaine voyant s'approcher un orage, ordonna à tous les passagers de descendre dans la cabine, qui se trouvait beaucoup trop petite pour le nombre de personnes qu'il y entassa. Quand elles y furent toutes réunies, il fit imprudemment fermer les écoutilles, ouvertures par lesquelles l'air pénètre ordinairement dans la cabine. Naturellement l'air ne se renouvela plus, et les pauvres passagers furent obligés de respirer plusieurs fois leur haleine. Leurs souffrances furent effrayantes, ils essayèrent tout ce qu'ils purent pour s'y soustraire. A la fin l'un d'entre eux parvint à se frayer une issue sur le pont, et apprit au lieutenant dans quel état se trouvaient les autres. Quand cet officier descendit, il trouva soixante-douze passagers morts, d'autres qui étaient mourants. Ceux qui survécurent eurent la fièvre.

Les chambres que nous habitons ne sont jamais heureusement aussi complétement privées d'air que l'était cette cabine; l'air frais y pénètre toujours un peu par quelques fissures aux portes ou aux fenêtres, ne fût-ce même que par le trou de la cheminée. Malgré cela, il n'est jamais bien sain de s'enfermer longtemps en grand nombre dans une même pièce, à moins qu'on n'ouvre fréquemment les portes et les fenêtres pour laisser l'air vicié sortir et entrer l'air frais.

Du feu dans la cheminée contribue aussi au renouvellement de l'air. Mais dans les chambres à coucher, où l'on n'allume pas de feu, et dans lesquelles on bouche avec soin les moindres ouvertures pour se tenir chaud pendant le sommeil, l'air devient très-mauvais avant le matin, les draps et les vêtements de nuit s'imprègnent des matières animales qui se sont dégagées de notre peau.

Le matin donc, aussitôt qu'on est suffisamment couvert, il est bon d'ouvrir les fenêtres toutes grandes, de retourner les draps et les couvertures et de les bien exposer à l'air avant qu'on ne refasse le lit.

Quand nous sommes dehors, en plein air, notre haleine est si tôt emportée et confondue dans l'air frais de l'atmosphère, qu'il n'y a pas de danger que nous la respirions une seconde fois; c'est l'une des raisons pour lesquelles il nous est si avantageux de vivre le plus possible au grand air. Les personnes occupées habituellement au dehors se portent généralement mieux que celles qui travaillent à l'intérieur dans des chambres bien closes.

D. De quoi l'haleine est-elle composée?

R. En partie d'eau, en partie d'air impropre à la respiration et mêlé à des matières animales.

D. Pourquoi faut-il laisser souvent pénétrer l'air frais dans nos chambres?

R. Parce que l'air vicié de notre haleine se mêlant à l'air de la chambre, rend ce dernier malsain à respirer.

CINQUIÈME LEÇON.

COMMENT SE NOURRIT TOUT NOTRE CORPS.

Puisque toutes les parties de notre corps s'usent sans cesse, il faut que toutes soient nourries de substances nouvelles, sans quoi elles se dessécheraient et périraient.

Mais comment par ce fait que nous recevons des aliments dans l'estomac, toutes les parties de notre corps se trouvent-elles nourries? Comment deux ou trois repas par jour apportent-ils une nourriture incessante à chacune d'elles et tiennent-ils le corps entier constamment alimenté?

Vous savez que lorsque vous piquez ou que vous coupez une partie quelconque de votre corps, le sang coule; mais peut-être ne savez-vous pas que le sang contient une partie de la nourriture que vous avez prise récemment : partie du pain et du lait dont vous avez déjeuné, partie de la viande et des légumes dont vous avez dîné. Pour que nos aliments puissent nous nourrir, il faut qu'ils soient métamorphosés en sang, lequel court dans toutes les directions à travers notre corps dans de petits tubes appelés *vaisseaux sanguins*, nourrissant toutes les parties qu'il parcourt.

Les vaisseaux sanguins sont de deux espèces; les *artères* et les *veines*. Les troncs principaux situés à l'intérieur du corps se ramifient en tubes de plus en plus petits (comme un arbre en s'étendant se subdivise en grosses et en petites branches), jusqu'à ce qu'enfin ils se terminent en un réseau de vaisseaux si petits, si déliés, qu'ils sont pour ainsi dire invisibles.

Voici la représentation d'un arbre artériel. Vous verrez les ramifications d'une veine en regardant le dos de votre main.

Pl. 1.

Branche d'une artère.

Nous pouvons, jusqu'à un certain point, comprendre comment les aliments sont métamorphosés en un liquide d'une fluidité telle qu'il passe aisément à travers les plus petits vaisseaux; et si nous pouvions regarder dans l'intérieur de notre corps, nous verrions une partie de l'appareil merveilleux à l'aide duquel se produit cet admirable changement.

Pl. 2.

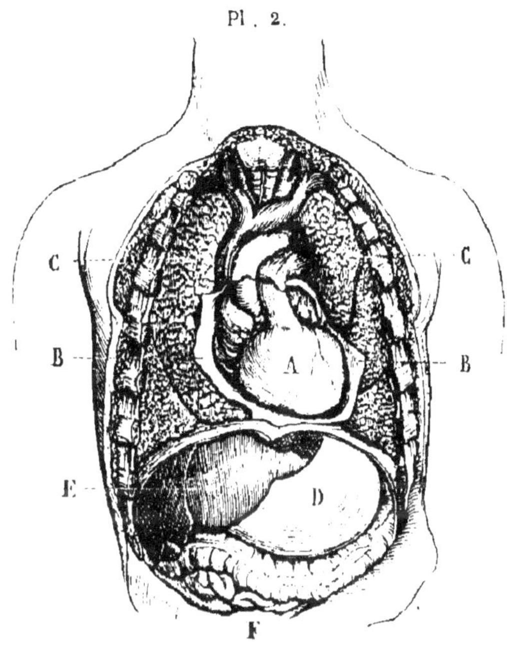

Intérieur du corps.

A. Cœur.
B. Sac qui enveloppe le cœur.
C. Poumons.
D. Estomac.
E. Foie.
F. Intestins.

Cette figure vous représente l'intérieur du corps humain. Vous voyez qu'il contient un grand nombre de parties de formes et de dimensions diverses. Mais bien que ces parties soient différentes, elles concourent toutes au même but, c'est-à-dire à former, au moyen des aliments que nous prenons, le sang qui nous nourrit.

Ainsi la bouche, l'estomac, les intestins et d'autres parties du corps sont constamment occupés à transformer en sang la nourriture; et chacune accomplit une tâche spéciale dans cette commune besogne.

D'abord la bouche est chargée de recevoir les aliments, de les préparer pour l'estomac en en faisant une pâte qui puisse être facilement avalée et digérée. Elle le fait au moyen des *dents*, des *joues*, de la *langue* et du liquide buccal appelé *salive*.

———

D. Comment les aliments que nous prenons nous nourrissent-ils?

R. En se transformant en sang, et courant sous cette forme à travers toutes les parties du corps.

D. Quelles sont les voies que parcourt le sang?

R. Les artères et les veines.

———

SIXIÈME LEÇON.

DES DENTS.

Les dents sont de petits instruments durs, que leur forme et leur disposition rendent on ne peut

plus propres à couper, à déchirer et à broyer les aliments. Elles sont au nombre de trente-deux, savoir :
seize à la mâchoire supérieure et seize à la mâchoire
inférieure.

Nous avons quatre espèces différentes de dents.

Pl. 3.

DENTS D'UN CÔTÉ DE LA MÂCHOIRE INFÉRIEURE.

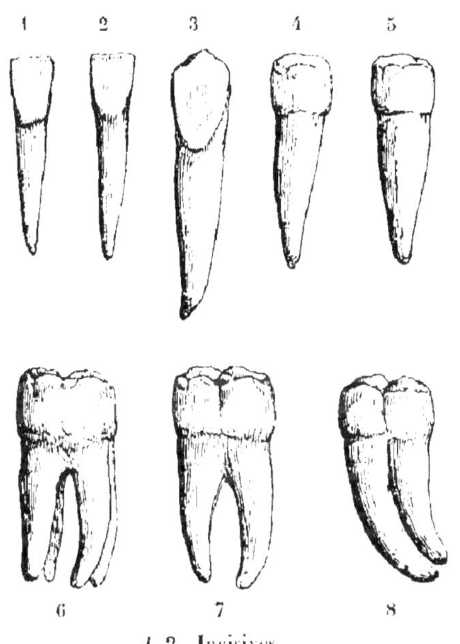

4-2. Incisives.

3. Canine.

4-5. Petites molaires

6-7-8. Grosses molaires.

D'abord, sur le devant de la bouche, huit *incisives*,
quatre en haut et quatre en bas ; c'est avec ces dents
que nous mordons. (Voyez n°s 1 et 2.)

Viennent ensuite quatre dents pointues appelées
canines : une de chaque côté à gauche et à droite de

chaque mâchoire; elles servent à déchirer certains aliments qui ne sont pas de nature à être coupés, comme les viandes et autres substances molles. Elles sont nommées canines parce que le chien, qui est un animal carnivore, a la plupart de ses dents pointues. (Voyez n° 3.)

Puis succèdent huit autres dents appelées *petites molaires*, dents à deux pointes. Ces dents servent à la fois à déchirer et à broyer. Il y en a deux à gauche et deux à droite de chaque mâchoire. (Voyez n° 4 et 5.)

Enfin viennent les plus fortes dents, les *grosses molaires*; elles sont au nombre de douze : trois à gauche, trois à droite de chaque mâchoire. Par leur grande taille, par la fermeté avec laquelle elles sont fixées dans la mâchoire au moyen de racines profondes, et par leur surface irrégulière qui les rend bien plus propres à broyer que si elle était polie, ces dents sont admirablement disposées pour briser des corps durs. (Voyez n° 6, 7 et 8.)

C'est une chose curieuse que de voir comment la surface inégale des dents supérieures s'adapte à la surface inégale aussi des inférieures, de sorte que les aliments qui passent entre elles, soient broyés aussi menus que possible.

La matière dont les dents sont formées, est beaucoup plus dure qu'un os ordinaire; et pour les empêcher de s'user en se frottant les unes contre les autres, la partie qui dépasse la gencive est couverte d'une substance extrêmement dure et polie, appelée *émail*.

L'émail n'est point impressionnable, mais la partie interne des dents est au contraire très-sensible ; si donc l'émail ne les avait pas recouvertes, les dents nous feraient souffrir chaque fois que nous nous en servons.

Les enfants qui cassent des noix et d'autres substances dures avec leurs dents, sans y apporter un soin suffisant, détachent et font tomber quelquefois des morceaux de cet émail sans qu'ils s'en aperçoivent ; alors l'air arrivant directement à l'os, le carie, et bientôt la dent fait mal.

L'émail est susceptible de se détériorer si l'on ne le tient dans un état constant de propreté. Tous les petits fragments de viande qui s'attachent à nos dents ne tardent pas à se corrompre, et en rongent l'émail comme la rouille ronge le fer. Une fois l'émail détruit, le reste de la dent se carie ; nous avons en perspective d'affreux maux de dents et la privation de ces utiles instruments.

Si quelqu'un vous avait fait présent d'un beau couteau ou d'une belle paire de ciseaux, ne vous trouveriez vous pas bien stupide de les laisser ronger par la rouille, faute de les tenir propres et de les essuyer aussitôt après vous en être servis ? Nous sommes bien plus stupides quand nous négligeons de laver et de tenir propre cette magnifique boîte de petits instruments qui nous avaient été donnés pour notre usage, notre santé et notre confort jusqu'à la fin de nos jours. Nous savons qu'il faut toujours nettoyer les couteaux et les fourchettes dont nous nous sommes servis à notre dîner; mais il vaudrait mieux les laisser sales que ces instruments vivants qui garnissent notre bouche.

Il est donc nécessaire de se laver les dents avec une brosse et de l'eau tous les soirs et tous les matins, ou tout au moins chaque jour en se levant. Il n'y a rien d'aussi désagréable à voir que des dents sales; elles ont de plus l'inconvénient de donner à l'haleine une mauvaise odeur. Les enfants détruisent souvent leurs dents en mangeant constamment des choses malsaines, comme des pâtisseries, des sucreries et des fruits qui ne sont pas mûrs. Quand on fait abus de ces sortes de choses, l'estomac devient malade, et un estomac malade gâte ordinairement les dents.

Un grand nombre d'individus souffrent d'atroces maux de dents, sont mal portants toute leur vie faute de bonnes dents pour mâcher convenablement leur nourriture, et ne songent pas le moins du monde qu'ils souffrent par leur faute, qu'ils sont punis de n'avoir pas pris suffisamment soin de leurs dents quand ils étaient jeunes.

Les dents ne nous poussent pas toutes à la fois; ce n'est que quand nous avons pris toute notre croissance que nous possédons nos trente-deux dents au grand complet. L'enfant qui vient au monde n'a pas de dents; ses molles gencives sont tout ce dont il a besoin pour la manière dont il doit se nourrir; des dents, à cause de leur dureté, ne seraient pas alors sans inconvénients. Mais à mesure que l'enfant se développe et qu'il a besoin d'une nourriture plus solide, de petites dents blanches commencent à percer les gencives et à se montrer, devenant plus grandes et plus fortes à mesure que les aliments demandent pour être broyés des instruments plus énergiques. Quand la première enfance est passée, ces premières petites dents tombent et font place à d'autres plus fortes, qui doivent durer pendant toute la vie.

Cette conformation des dents à notre nourriture est l'un des mille exemples du soin que notre Père, qui est aux cieux, a pris de la santé et du confort de ses enfants, même des plus petits. La souffrance que nous éprouvons quand nous ne faisons pas un usage convenable des moyens qu'il nous a donnés pour conserver notre santé et notre bien-être, est la voix qui nous avertit que nous avons mal fait.

Nous voyons que ce même soin dans la forme différente des dents, s'est étendu à tous les autres animaux aussi bien qu'à l'homme. Ainsi les chiens, les chats, les lions et tous les animaux qui se nourrissent de viande ont leurs incisives et leurs molaires très-grandes et très-fortes; les chevaux, les vaches et tous les animaux qui se nourrissent d'herbes et de graminées ont surtout des dents destinées à couper et à moudre; tandis que les rats, les lapins et tous les animaux rongeurs n'ont pour ainsi dire que de longues incisives et de grosses molaires. L'homme, qui se nourrit de toutes sortes d'aliments, a les dents plus variées qu'aucun autre animal.

D. Pourquoi faut-il prendre soin de nos dents?

R. Parce que la nourriture doit être bien mâchée avant d'être avalée.

D. Comment pouvons-nous en prendre soin?

R. En les brossant régulièrement et en ne mangeant que des choses saines.

SEPTIÈME LEÇON.

DES MACHOIRES ET DE LA LANGUE.

La manière dont les dents sont fixées dans les mâchoires est vraiment parfaite. Tout le long de chaque mâchoire règne une arcade osseuse percée d'un rang de trous dans lesquels les racines des dents sont implantées, et comme chacune de ces cavités, qu'on appelle *alvéoles*, s'adapte exactement à la dent qui y pousse, celle-ci est tenue aussi fortement qu'un clou enfoncé dans une planche. Les gencives contribuent aussi à fixer les dents à leur place, et protégent le *collet* de chacune d'elles entre l'alvéole et l'émail.

La mâchoire supérieure est fixe et ne peut remuer à moins que la tête entière ne remue ; mais l'inférieure est liée à la tête par des charnières et des articulations qui lui permettent de se mouvoir en haut et en bas, en avant, en arrière et de côté. Par suite de ces mouvements, les dents d'en bas frottent contre celles d'en haut dans tous les sens nécessaires pour broyer entre elles les aliments.

DE LA LANGUE.

Si vous vous borniez simplement à regarder cette petite partie de chair rouge qu'on appelle la langue, vous ne pourriez jamais deviner toutes les fonctions très-habiles qu'elle est appelée à remplir ; pas plus qu'en voyant seulement l'oreille ou le nez vous ne sauriez dire qu'il sont faits pour entendre ou pour sentir.

Nous savons tous que nous ne pourrions parler sans notre langue ; elle nous est presque aussi indispensable pour manger.

Faites attention, quand vous mangez, combien la langue est active et occupée ; comment elle se porte d'un côté et de l'autre, changeant de forme à chaque instant. Elle aide les dents à mâcher en poussant la nourriture sous leurs différentes espèces, brisant elle-même les parties les plus molles contre le haut de la bouche ou *palais*, et mélangeant soigneusement la nourriture avec la salive ou liquide buccal.

Si nous n'avions pas de langue pour nous aider à manger, nos mâchoires seraient terriblement fatiguées longtemps avant que nous eussions mangé suffisamment pour satisfaire notre appétit. Sans la langue, il nous serait presque impossible d'avaler nos aliments, car c'est la langue qui ramasse chaque bouchée quand elle est mâchée et la pousse au fond vers l'ouverture du gosier.

Toutes ces fonctions si utiles, la langue est mise en état de s'en acquitter par la promptitude de ses mouvements et par sa merveilleuse aptitude à changer de forme à chaque instant. Tantôt elle lance sa pointe au dehors, se faisant longue et étroite; presque au même moment, elle ramène cette pointe et se fait courte et large; tantôt elle se creuse et prend pour ainsi dire la forme d'une cuiller; maintenant elle se roule en arrière, et au milieu de ses mouvements si nombreux, si rapides, elle prend d'elle-même un tel soin que bien rarement lui arrive-t-il d'attraper une morsure d'aucune des dents qui l'environnent.

Mais la faculté la plus surprenante de la langue est celle du goût. Nul n'a encore pu découvrir comment la langue a ce pouvoir, et pourquoi ce petit morceau de chair, plus qu'aucune autre partie du corps, est capable de nous dire si une chose est douce ou amère, acide, savoureuse ou piquante.

Tout ce que nous pouvons comprendre, c'est que

le sens du goût nous a été donné pour notre satisfaction et pour faire de l'action de manger un grand
plaisir au lieu d'une grande fatigue. Demandez-vous
un peu quel pénible travail c'eût été d'introduire
deux ou trois fois par jour de la nourriture dans
notre bouche, si nous n'eussions éprouvé aucun plaisir à le faire. Beaucoup d'entre nous négligeraient de
manger aux heures convenables, se laisseraient fai-
blir jusqu'à tomber malades plutôt que de prendre
cette peine. D'autres parties de la bouche ont aussi
quelque sensation du goût, mais dans aucune il n'est
aussi parfait que dans la langue.

Grâce au sentiment délicat du goût, la langue
nous préserve souvent d'avaler ce qui, une fois in-
géré, pourrait nous être nuisible ; car les choses véné-
neuses et celles qui ne sont point bonnes à manger,
ont, pour la plupart, une saveur fâcheuse, tandis que
le fruit, le pain, la viande, le lait, les légumes, et toutes les substances qui peuvent nous fournir une nourriture pure et saine, sont en général agréables au goût.

D. A quoi servent les mâchoires ?

R. A tenir les dents fermes, à leur permettre de broyer
la nourriture en se frottant l'une sur l'autre.

D. Laquelle des mâchoires est mobile ?

R. L'inférieure.

D. A quoi sert la langue ?

R. A goûter ; à recevoir la nourriture, à la diriger sous
les dents, à aider celles-ci à la briser, et à la pousser vers

l'arrière-gorge quand elle est en état d'être avalée ; enfin elle nous aide à parler.

HUITIÈME LEÇON.

DE LA SALIVE.

Les aliments n'auraient pu être convenablement mâchés, ou rendus propres à la digestion dans l'estomac, s'ils n'eussent été bien humectés et mélangés à l'aide d'un fluide appelé salive.

Quiconque a eu la fièvre, a connu aussi la souffrance que cause une bouche sèche et altérée, et sait qu'il est presque impossible d'avaler quand le gosier est desséché. Or notre bouche serait toujours dans cet état de sécheresse si gênant, sans le concours d'un grand nombre d'organes curieux nommés *glandes salivaires*, lesquelles sont situées sous la peau, dans les joues, la langue, les gencives, les lèvres, le palais, et produisent constamment un fluide qui se verse dans la bouche par de petits tubes ou conduits. Quand nous ne mangeons pas, la salive ne se produit qu'en petite quantité, juste ce qu'il en faut pour tenir la bouche convenablement humide ; mais aussitôt que nous commençons à manger et que nous avons besoin d'une plus grande quantité de salive pour la mélanger avec nos aliments, les glandes en produisent beaucoup plus vite. et en déversent dans la bouche des quantités beaucoup plus considérables : environ un demi-litre, dit-on, à chaque repas.

Pl. 4.

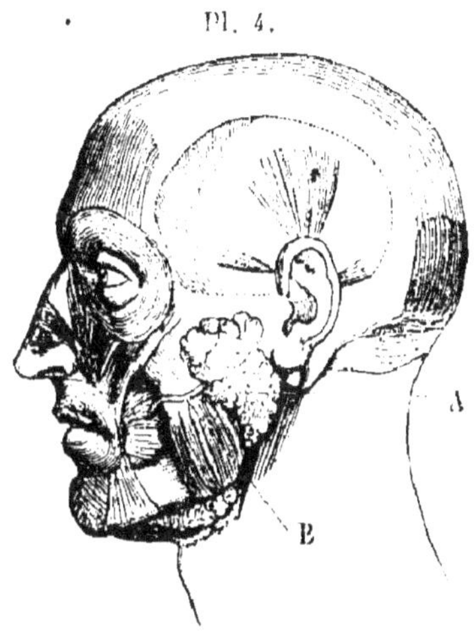

Face écorchée, montrant dans la joue la plus importante des glandes salivaires (A), et le conduit (B) par lequel la salive de cette glande afflue dans la bouche.

Nous voyons donc comment la bouche a été pourvue des moyens de transformer les aliments en une masse molle et pulpeuse; ce qui est la première opération de l'étrange travail qui les convertit en sang.

Mais il dépend de nous que cette première opération soit bien ou mal faite. Si nous mangeons et avalons trop vite, si nous mettons trop à la fois dans notre bouche et ne mâchons pas convenablement, la digestion ne se fera pas facilement, et nous en souffrirons tôt ou tard.

DE LA DÉGLUTITION DES ALIMENTS.

Les aliments descendent dans l'estomac à travers un tube appelé *œsophage*, qui vient déboucher dans l'arrière-gorge par une sorte d'entonnoir appelé *pharynx*.

Ils ne tombent pas dans l'œsophage par leur propre poids, mais ils y sont entraînés par un mouvement spécial du conduit lui-même, assez comparable aux contractions musculaires d'un ver de terre quand il rampe. Si les aliments devaient tomber par leur propre poids, nous serions forcés de relever la tête chaque fois que nous avalons; les animaux qui ont toujours la tête en bas quand ils prennent leur nourriture, seraient fort embarrassés de faire arriver celle-ci dans l'estomac, puisque c'est un mouvement de bas en haut qu'ils exécutent et non point de haut en bas. Le conduit œsophagien est constitué de manière à pousser la nourriture lentement, graduellement et en petite quantité à la fois; si nous voulons avaler trop d'un coup ou trop vite, le mouvement de l'œsophage devient violent, ce qui nous occasionne une douleur aiguë ou un spasme.

C'est une chose qui nous paraît si simple de manger et d'avaler, qu'on ne saurait, sans l'avoir appris, se faire une idée du soin qu'il a fallu apporter à la formation du gosier pour nous permettre de manger et d'avaler en sûreté. Mais le fait est que si ce soin n'eût été pris, nous serions en danger d'une mort instantanée, chaque fois que les aliments descendent dans l'arrière-bouche.

Voici en quoi consiste ce danger : c'est qu'indépendamment de l'œsophage, un autre tube creux vient s'ouvrir dans l'arrière-bouche, — car vous savez qu'il nous est aussi nécessaire de recevoir de l'air dans nos poumons que des aliments dans notre estomac, — et cet autre tube, dont la partie supérieure s'appelle *larynx* et qui prend un peu plus bas le nom de *trachée artère*, est en conséquence destiné à conduire l'air dans notre poitrine. Le larynx est placé à l'avant du cou; il a son ouverture dans l'arrière-bouche, immédiatement en avant de l'entonnoir par lequel les aliments doivent passer pour s'engager dans l'œsophage. Or, si les aliments tombaient dans le larynx au lieu de tomber dans le pharynx et qu'ils n'en fussent pas délogés immédiatement, nous serions nécessairement étouffés et rien ne saurait nous sauver de la mort.

Pour prévenir ce péril, le Créateur a placé à l'entrée du larynx un petit couvercle ou pan de chair, appelé l'*épiglotte*, qui, au moment où les aliments passent, s'abat et ferme l'orifice du larynx, et qui se rouvre au contraire et donne passage à l'air dès que les aliments sont descendus. C'est pourquoi nous suspendons notre respiration au moment précis où nous avalons.

Mais le conduit de l'air s'ouvre pour parler comme

pour respirer, de sorte que si nous causons ou si nous rions en mangeant, il arrive parfois que l'épiglotte se trouve en partie ouverte quand il ne le faudrait pas et qu'alors une parcelle de nourriture tombe dans le conduit de l'air. Heureusement, dès que cela arrive, nous sommes obligés de tousser violemment et de chasser aussitôt dehors cette petite portion d'aliments qui s'est dévoyée. Mais le spasme, la douleur que nous occasionne ce petit fragment nous montre ce que nous aurions à souffrir si ce passage n'était pas bien gardé, et si une plus grande partie de notre nourriture s'engageait ainsi dans une fausse route.

D. Quel est l'usage de la salive?

R. D'humecter les aliments pendant que nous les mâchons, de les dissoudre et de les convertir en une masse pulpeuse.

D. D'où provient la salive?

R. Des glandes salivaires.

D. Comment s'appelle le tube à travers lequel les aliments descendent dans l'estomac?

R. L'œsophage.

D. Où commence-t-il?

R. Au fond de l'arrière-gorge.

D. Quel tube est placé en avant de la gorge?

R. La trachée-artère.

D. Comment se fait-il que les aliments ne tombent pas dans la trachée-artère?

R. Parce que l'épiglotte en ferme l'ouverture au moment de leur passage.

D. Pourquoi faut-il éviter de parler ou de rire en mangeant?

R. Parce qu'alors l'épiglotte s'entr'ouvre et permet aux aliments de tomber dans le larynx?

D. Pourquoi ne faut-il ni manger ni avaler vite?

R. Parce que l'œsophage a pour mission de faire descendre lentement les aliments, et parce que ceux-ci, pour être facilement digérés, ont besoin d'être bien mâchés et suffisamment imprégnés de salive.

NEUVIÈME LEÇON.

DE LA DIGESTION DES ALIMENTS.

Aussitôt que les aliments sont descendus dans l'estomac, commence le travail de la digestion.

Digérer nos aliments, c'est en séparer les parties nutritives et les métamorphoser en un fluide réparateur qui puisse s'unir au sang.

Le pain, la viande, ne sauraient être transportés par les artères et nourrir le corps, même quand nous les aurions réduits en fragments aussi petits que vous voudrez, parce qu'une grande partie de ce que nous mangeons n'est pas nutritif, et embarrasserait le corps au lieu de le nourrir. Cette partie inutile des aliments doit donc être expulsée du corps par les intestins; tandis que la partie nutritive, après avoir subi successivement diverses transformations et additions, devient ce fluide vivifiant qu'on appelle le sang.

Se peut-il imaginer rien de plus surprenant que le phénomène de la digestion? De la viande et des végétaux qui n'ont plus de vie, de l'eau, du pain, des substances qui ne vivent pas par elles-mêmes, une fois introduits dans l'estomac, se changent en une chair vivante, des os vivants, une peau vivante! N'est-il pas également merveilleux que les différentes sortes d'aliments que nous prenons, — un morceau de bœuf ou un morceau de pain, une tasse de lait ou une poignée de groseilles, — tous se transforment également en un seul et même fluide vivant! Le morceau de bœuf contient infiniment plus de parties nutritives que les groseilles; mais tous deux produisent exactement la même espèce de sang, lequel, à son tour, fait et les os, et la chair, et la peau et la cervelle.

L'estomac commence la digestion; il convertit les aliments en une substance pulpeuse de couleur grisâtre, appelée *chyme*.

L'estomac (voyez pl. 5), présente à peu près la forme d'une outre ayant deux ouvertures : l'une pour l'entrée des aliments arrivant par l'œsophage (A) et l'autre (B) pour la sortie et l'envoi dans les intestins (C) des aliments convertis en chyme. L'estomac d'un homme est de la contenance d'environ 3 litres.

Dès que les aliments entrent dans l'estomac, des glandes, situées dans l'épaisseur de ses parois, y versent un fluide appelé *suc gastrique*, absolument comme la salive arrive dans la bouche. Mais le suc

PI. 5.

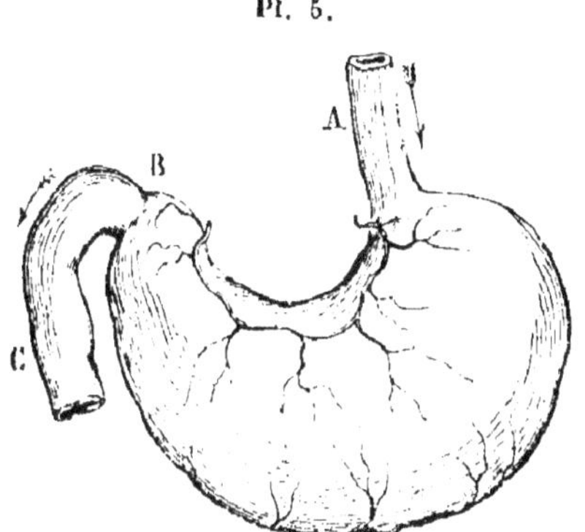

L'estomac quand il est plein.

gastrique est un fluide tout à fait autre que la salive; il a la propriété de dissoudre les aliments, et de les transformer, quelle que soit leur nature ou leur couleur primitive, en un chyme à peu près de la même teinte grisâtre.

Toute substance que le suc gastrique est impuissant à convertir en chyme, ne saurait devenir du sang et par conséquent nous nourrir. Si donc nous nous remplissions l'estomac de sable ou de sciure de bois, l'estomac ne les convertirait pas en chyme; par conséquent ces substances ne nous nourriraient pas.

Ce n'est donc pas ce que nous mangeons, mais c'est ce que nous digérons qui nous nourrit.

Une nourriture saine est celle qui peut promptement et facilement se convertir en chyme, et qui contient le plus de principes nutritifs nécessaires à la formation du sang. Les aliments malsains sont ceux qui donnent beaucoup de fatigue à l'estomac pour les dissoudre, et ne rendent que peu de nourriture.

Il y a des gens assez sots pour jouer des tours à leur estomac en avalant des choses que celui-ci ne saurait digérer. On a vu, pour un pari, des hommes avaler des couteaux et des pierres. J'ai connu une petite fille qui aimait à manger des morceaux de charbon de terre ; une autre qui avalait des clous et des épingles. Enfin, il y a un grand nombre d'enfants qui, pour le plaisir de manger n'importe quoi, ou pour étonner leurs camarades, ont la sottise d'avaler mille choses propres seulement à imposer une grande fatigue à leur estomac, sans contribuer en rien à les nourrir.

Naturellement l'estomac ne peut résister longtemps à une pareille façon de le gouverner. Tout ce qu'on lui envoie et qu'il est incapable de digérer, l'irrite et l'affaiblit ; si donc on lui fait fréquemment de ces tours, il perd la faculté de digérer même les aliments les plus sains : alors adieu le bien-être et la santé.

Il arrive que les aliments qui conviennent à une personne ne conviennent pas à une autre. Toutefois, dans nos contrées, la plupart des personnes bien portantes trouvent qu'elles digèrent facilement certains aliments, tels que le pain, la viande de boucherie, les légumes cuits, les fruits mûrs, les œufs, le lait, le riz, etc. On a donc le droit d'appeler ces substances des aliments sains, et tant mieux pour ceux qui s'en peuvent procurer chaque jour une quantité suffisante pour satisfaire leur appétit.

D'un autre côté, il y a peu de personnes qui puissent manger beaucoup de légumes crus, de fruits verts, de grosse pâtisserie, de tartines de pain chaud trop beurrées, de gâteaux trop gras, de sucreries dans lesquelles le plâtre entre pour moitié, ou boire en quantité des liqueurs alcooliques, sans se trouver après moins bien qu'auparavant. C'est pour cette raison qu'on a qualifié toutes ces substances d'aliments indigestes. Il serait donc de notre intérêt de nous nourrir principalement d'aliments sains; et si quelquefois nous en prenons d'autres, ce ne devrait toujours être qu'en très-petites quantités à la fois.

Quand l'estomac est bien gouverné, il accomplit sa tâche avec une régularité et une habileté admirables. Il produit le suc gastrique aussi vite et avec autant d'abondance qu'il en est besoin pour dissoudre les aliments. Si nous mangeons peu, il se produit peu de suc gastrique; si nous faisons un bon repas, il s'en produit davantage. Quelques aliments demandent pour leur digestion plus de suc gastrique que d'autres, et quand nous en prenons de cette espèce, immédiatement le suc gastrique est plus abondant.

Mais si nous mangeons plus qu'il n'est bon pour nous de le faire, plus qu'il ne faut pour contenter notre appétit, si nous emplissons trop notre estomac, celui-ci refuse de convertir en chyme le dépôt que nous lui avons confié, et il ne se produit plus de suc gastrique. Il en résulte qu'une partie des aliments restent quelque temps indigérés; ils tournent aux vents et à l'aigreur; ils causent enfin cette indisposition, ce malaise qu'on appelle indigestion.

C'est peut-être une bonne chose que quelque souffrance, quelque malaise nous avertisse que nous avons pris trop de nourriture; autrement un grand nombre d'entre nous, qui ont à manger autant qu'ils veulent, continueraient de le faire avec excès et finiraient par détruire toutes leurs facultés digestives.

Si nous ne mâchons qu'à moitié nos aliments et les envoyons par gros morceaux dans l'estomac, nous faisons tort à celui-ci, en lui imposant une tâche qui n'est pas la sienne; il a, dans ce cas, à briser les aliments avant que de commencer à les dissoudre : la digestion sera donc plus longue et plus difficile.

———

D. Quelle est la fonction de l'estomac?

R. De convertir les aliments en chyme, au moyen du suc gastrique.

D. Quels aliments sont les plus convenables?

R. Ceux qui se digèrent aisément et qui contiennent les principes nutritifs nécessaires pour former le sang.

D. Quels inconvénients y a-t-il à manger des choses indigestes?

R. Outre le malaise et la souffrance qui en peuvent souvent résulter, l'estomac se détériore par les efforts qu'il fait pour les digérer.

———

DIXIÈME LEÇON.

DE L'ACTION DE L'ESTOMAC.

Aussitôt que les aliments sont avalés, il se passe plusieurs choses curieuses dans l'estomac, en outre de l'afflux du suc gastrique.

Quand nous sommes restés quelques heures sans prendre de nourriture, les *parois* ou côtés de l'estomac glissent mollement l'une sur l'autre, comme le feraient celles d'un sac vide; mais aussitôt que nous commençons à manger, les parois de l'estomac s'écartent d'elles-mêmes pour faire place aux aliments, et commencent un léger mouvement de balancement, les roulant et les roulant de nouveau, comme le lait dans la baratte (petit baril à faire le beurre).

Ce mouvement est lent et doux au commencement, mais il s'accélère et devient plus énergique à mesure que s'opère la digestion.

L'utilité de ce mouvement, assez semblable à celui de la baratte, est de bien mélanger les aliments avec le suc gastrique; comme celui que nous imprimerions à une bouteille dans laquelle nous aurions introduit deux substances dont nous voudrions opérer le complet mélange.

Les aliments, dès qu'ils sont convertis en chyme,

doivent passer de l'estomac dans les intestins, où ils auront à subir d'autres changements ; or, le curieux mouvement dont nous parlons, ne se contente pas de mélanger les aliments avec le suc gastrique, il les pousse à mesure de leur conversion en chyme, du côté de l'estomac où se trouve l'ouverture de l'intestin (B). Reportez-vous à la planche qui représente l'estomac (page 33), et vous verrez l'ouverture du long tube qu'on appelle les *intestins* ou les *boyaux*.

Il serait très-dangereux pour nous que les aliments passassent dans les intestins avant d'être suffisamment digérés : c'est pour éviter ce danger, que se trouve à leur entrée une soupape appelée *pylore* ou portier, laquelle est combinée d'une si merveilleuse manière que si des aliments se présentent trop tôt, avant d'être suffisamment digérés, ils sont renvoyés encore, et le chyme seul peut passer.

Ne trouverions-nous pas très-habile le menuisier qui aurait fait une porte s'ouvrant et se fermant d'elle-même aux moments convenables, n'admettant dans l'intérieur que ceux qu'on désire y recevoir et repoussant tous les autres ?

La petite soupape ou pylore que nous avons au dedans de nous est aussi merveilleuse que le pourrait être une semblable porte. Pendant trois ou quatre heures après notre repas, elle nous garde de la souffrance et peut être de la mort, en ne laissant pénétrer dans l'intestin que le chyme parfait, et renvoyant en arrière les fragments plus grossiers d'aliments jusqu'à ce qu'ils soient mieux digérés.

Lorsque nous sommes assez peu raisonnables pour manger des choses tout à fait indigestes, nous sommes souvent malades jusqu'à ce que notre estomac les rejette; sinon, ce fidèle portier est obligé de les admettre, après les avoir à plusieurs reprises repoussées, et nous avons alors pour châtiment des douleurs à endurer dans notre estomac et dans nos intestins.

D. Où vont les aliments après qu'ils ont été digérés dans l'estomac?

R. Dans les intestins.

D. Qui est-ce qui les empêche d'y pénétrer avant d'être digérés?

R. Une soupape appelée pylore, c'est-à-dire portier.

ONZIÈME LEÇON.

POURQUOI VAUT-IL MIEUX NE MANGER QUE QUAND ON A FAIM?

Quand nous avons pris avec plaisir un bon repas, il faut de quatre à cinq heures environ pour que la totalité en soit digérée et sorte de l'estomac; alors, après que celui-ci est demeuré vide et au repos pendant un certain temps, la sensation de l'appétit se réveille et nous avertit que le moment est venu de prendre de nouveaux aliments.

Si, au contraire, nous mangeons avant de nous sentir en appétit, c'est-à-dire avant que l'estomac soit vide, il arrive que les nouveaux aliments se mêlant à ceux qui sont déjà à moitié digérés, troublent l'estomac et rendent le travail de la digestion plus difficile.

Il vaut donc mieux, si nous le pouvons, faire d'un coup un bon repas et nous tenir ensuite quelques heures tranquilles, que d'être sans cesse à manger un morceau d'un côté, un morceau de l'autre.

Les enfants ont besoin de manger plus souvent que les personnes faites, parce qu'ils ont besoin de grandir aussi bien que de vivre; toutefois il vaut mieux ne leur donner à manger que lorsqu'ils ont réellement faim. C'est une mauvaise habitude que d'être toujours à fourrer quelque aliment aux petits enfants, pour les amuser et les faire tenir tranquilles, comme le font certaines mères ou nourrices, qui ne veulent pas prendre la peine de les tenir en bonne humeur par d'autres moyens.

En s'habituant à manger ainsi à tout instant, l'enfant perdra son appétit pour les repas réguliers, et très-probablement son estomac ira s'affaiblissant; il deviendra difficile sur ses aliments, peut-être mal portant et grognon, en sorte qu'en fin de compte il donnera plus de mal à sa mère, que si elle ne l'avait pas gâté par cet excès d'indulgence.

D. Qu'est-ce que vient nous dire l'appétit?

R. Que l'estomac est vide et que le moment est venu de manger.

D. Pourquoi vaut-il mieux ne manger que quand on a faim ?

R. Parce que les nouveaux aliments, en se mêlant à ceux déjà à moitié convertis en chyme, troublent la digestion.

DOUZIÈME LEÇON.

DE LA SOIF.

La soif est bien plus terrible que la faim. Nous pourrions vivre quelques semaines sans aliments solides ; mais si nous n'avions rien à boire, et que nos aliments fussent très-peu liquides, il est bien probable que nous succomberions en quelques jours. Cela tient à ce que notre corps est composé de beaucoup plus de parties liquides que de solide, et que nous avons besoin d'eau plus que de tout autre chose pour nous maintenir en vie.

Notre corps est composé de parties aqueuses pour près des neuf dixièmes ; c'est-à-dire que si un homme pesait cent livres et qu'on pût extraire tous les liquides renfermés dans son corps, il n'en pèserait plus que dix. Vous savez qu'une partie de cette eau s'en va par les urines, l'haleine et la transpiration ; quand nous n'absorbons pas de nouvelle eau pour compenser cette perte, la sensation de la soif vient nous dire que notre corps en a besoin.

Dans les temps chauds nous transpirons davantage, et nous avons par conséquent besoin de boire plus que nous ne le faisons en hiver. Les hommes qui par la rudesse de leurs travaux sont toujours en transpiration, sont bien plus altérés et ont bien plus souvent besoin de boire que ceux qui ne s'échauffent pas et travaillent au frais.

Ce n'est pas seulement en buvant que nous introduisons de l'eau dans notre corps. Il y en a dans tous nos aliments. Le pain, par exemple, est composé d'eau pour près de la moitié. Quelques fruits en contiennent dans une si grande proportion, qu'ils étanchent la soif presque aussi bien que l'eau elle-même. Presque tous les liquides que nous buvons, le lait, le bouillon, le vin, la bière, sont principalement composés d'eau.

Nous absorbons de l'eau par toute la surface de notre peau. Si vous souffriez beaucoup de la soif et que vous pussiez prendre un bain, vous vous sentiriez considérablement soulagé. Dans ce cas l'eau aurait traversé votre peau. Du reste, par toute la surface de notre corps nous prenons sans cesse de l'humidité dans l'air.

Vous avez souvent entendu des gens dire : « L'air est très-humide aujourd'hui. » Qu'est-ce autre chose que de dire qu'ils *sentent* l'eau dans l'air. Nous l'y voyons quelquefois quand elle y existe sous forme de brouillard ou de vapeur. Alors même que nous ne l'y sentons ni ne l'y voyons, il y a toujours de l'eau ou de l'humidité dans l'air, et notre corps en absorbe continuellement[1].

Dans les climats secs, les habitants souffrent plus de la soif, et ont besoin de boire plus d'eau que dans des climats humides comme l'Angleterre.

Puisque l'eau est le liquide dont nous avons besoin quand nous avons soif, quelle folie de contracter l'habitude de la satisfaire avec du vin, de la bière ou d'autres liqueurs fermentées, ainsi que le font tant de personnes.

L'eau est la plus inoffensive et la meilleure des boissons, si nous ne cherchons réellement qu'à apaiser notre soif. Dieu, qui nous a créés et qui sait ce qu'il nous faut, a prodigué sur la terre ce fluide bienfaisant et rafraîchissant, d'une beauté sans égale, bon à l'intérieur comme à l'extérieur du corps humain.

Nous prenons le lait, le café ou le thé, et autres boissons semblables, plutôt comme nourriture et rafraîchissements que pour satisfaire notre soif.

Les gens qui sont faibles ou malades peuvent trouver quelquefois qu'un peu de vin ou quelque spiritueux leur fait du bien; mais ces liquides sont

1. Outre l'eau qui entre dans notre corps par les différentes voies, il s'en produit dans le système lui-même; en sorte que la quantité d'eau expulsée est plus grande que celle introduite par les boissons et les aliments. Suivant le Dr Lardner, la moyenne de la première dépasse 2 quarts (litres 2,27) tandis que la seconde n'excède pas 3 pintes (litre 1,70).

toujours plus nuisibles qu'utiles aux personnes bien portantes qui y recourent sans besoin [1].

La soif naturelle, celle que nous éprouvons quand il y a trop peu d'eau dans notre corps, nous la pouvons toujours étancher à la fontaine. Mais il est une autre espèce de soif qui n'est pas naturelle et que nous ne saurions vaincre en buvant.

Telle est la soif de l'ivrogne, qui, loin de s'apaiser, augmente à mesure qu'il boit.

Cette espèce de soif est une maladie; le seul moyen de l'apaiser, c'est d'en faire d'abord disparaître la cause.

L'habitude de boire des liqueurs fortes, du vin ou de la bière avec excès, en dérangeant l'estomac produit cette fausse soif; la meilleure manière de s'en délivrer, est de renoncer à ces liquides irritants, et de rendre la santé à l'estomac par une nourriture saine et des boissons rafraîchissantes.

Peut-on imaginer rien de plus insensé que de s'enflammer le sang, de détruire sa santé, et de perdre son âme à boire de l'absinthe, du rhum ou de l'eau-de-vie? comme nous le voyons faire à tant de pauvres hommes et même à des femmes, qui jettent ainsi leur argent pour se rendre misérables de toutes façons, au lieu de l'employer à se procurer le bien-être.

---

1. Le vin, la bière, etc., sont, en même temps que des boissons, des aliments de *digestion facile*. Là est leur principale utilité. *(Note du traducteur.)*

Le goût de boire, suivant les pays, du vin, de la bière, du cidre, se contracte quelquefois de très-bonne heure. D'abord les enfants n'aiment pas ces diverses boissons, parce qu'elles ne leur sont pas naturelles ; mais bientôt ils apprennent à en aimer le goût, et acquièrent une habitude de boire qu'il leur est bien difficile de rompre dans la suite.

Si les enfants se souvenaient que, tant qu'ils se portent bien, l'eau leur est toujours meilleure que le vin, la bière et le cidre ; s'ils refusaient ces dernières boissons quand on les leur offre, ils éviteraient de contracter une mauvaise habitude qui pourra devenir le fléau du reste de leur vie.

Cet ivrogne chancelant, qui laisse mourir de faim sa femme et ses enfants, pour acheter en plus grande quantité le poison qui fait de lui une brute et un idiot, a peut-être été amené à boire par l'imprudence d'un père ou d'une mère qui, lorsqu'il était enfant, lui ont appris à préférer les boissons fermentées ou alcooliques à l'eau pure.

D. Qu'est-ce que la soif naturelle ?

R. Celle que nous éprouvons quand il y a trop peu d'eau dans notre corps ?

D. Quelle est l'autre espèce de soif ?

R. Celle qui provient de la maladie ou de l'intempérance ?

D. Quelle boisson satisfait le mieux la soif naturelle ?

R. L'eau pure.

TREIZIÈME LEÇON.

COUP D'OEIL DANS L'ESTOMAC.

Vous vous étonnerez peut-être qu'on sache comment les choses se passent dans l'estomac, puisqu'on ne peut y regarder et y voir.

Il y a une quarantaine d'années, un étrange accident arrivé à un jeune Canadien, permit à un médecin américain, le docteur Beaumont, de regarder véritablement dans un estomac vivant et de voir positivement ce qui s'y passe.

Ce jeune homme s'appelait Alexis Saint-Martin ; il avait un trou dans l'estomac, causé par la décharge d'un fusil à la distance d'un mètre environ.

Il fut très-malade et souffrit beaucoup pendant un an à la suite de cette blessure; mais enfin, grâce aux soins et à l'habileté du docteur Beaumont, il recouvra la santé. Toutefois le trou qu'il avait dans l'estomac, trou qui était de la dimension d'une pièce de cinq centimes, ne se ferma jamais. Le docteur Beaumont fut ainsi à même de regarder à l'intérieur de cet organe, et d'écrire un livre dans lequel il raconte tout ce qu'il y a vu et découvert sur la digestion.

Il vit entre autres que lorsqu'une bouchée était

ingérée, l'estomac se repliait sur elle immédiatement, l'enserrait et par ce mouvement que nous avons comparé à celui de la baratte, la poussait tour à tour contre ses parois, de manière que toutes les molécules s'imprégnassent complétement de suc gastrique. Puis, cela accompli, l'estomac se rouvrait du côté de l'œsophage, pour donner passage à la bouchée suivante.

Si les bouchées se succédaient trop rapidement, les mouvements de l'estomac devenaient irréguliers, pénibles, et la digestion se faisait mal.

Ceci nous montre pourquoi le conduit alimentaire est construit de manière à ingérer lentement; c'est afin de donner à l'estomac le temps de disposer chaque bouchée de la façon la plus favorable à la digestion, avant de recevoir la suivante.

Le docteur Beaumont vit le suc gastrique se répandre dans l'estomac à mesure que les aliments y tombaient, s'y mêler et les convertir graduellement en chyme. Il vit que des aliments d'une certaine nature se transformaient en chyme beaucoup plus tôt et bien plus facilement que certains autres. Par exemple, le pain et la viande se digéraient en beaucoup moins de temps que les légumes et les fruits.

Il vit qu'à l'état de santé habituel, l'intérieur de l'estomac était d'une couleur rose pâle et d'un aspect aussi moelleux, aussi lisse que du velours ; mais que si l'estomac recevait quelque nourriture qui ne lui convînt pas, ou si on lui envoyait un nouveau repas avant que le précédent ne fut complétement digéré, une apparence d'inflammation s'étendait sur toutes ses parois.

Ainsi, un jour qu'Alexis avait mangé une quantité de pommes vertes, la surface de l'estomac prit un caractère enflammé et rugueux.

Une autre fois qu'Alexis avait bu des liqueurs fortes pendant plusieurs jours de suite, le docteur Beaumont trouva l'estomac couvert d'ulcères d'où s'écoulait une sorte de sang épais; le suc gastrique ne venait qu'en très-petites quantités, insuffisantes pour la digestion des aliments; ce suc gastrique était mêlé de sang et de matières corrompues, comme il en sort d'une plaie.

Le docteur Beaumont lui défendit de continuer à prendre des spiritueux, et lui ordonna des boissons rafraîchissantes et une nourriture fort simple pendant quelques jours; l'estomac recouvra alors son aspect de santé, et le suc gastrique y afflua comme il le faisait auparavant.

S'il a suffi de quelques jours d'intempérance pour amener tant de désordres, nous pouvons nous imaginer dans quel misérable état de maladie doit être l'estomac d'un ivrogne d'habitude! Il perd la faculté de digérer; il perd l'appétit; il perd la santé. Est-il donc étonnant qu'il devienne à charge à lui-même et à tous ceux qui l'entourent.

On ne s'aperçoit pas toujours tout d'abord du mal que fait à l'estomac l'abus des boissons alcooliques.

Quand le docteur Beaumont vit l'estomac d'Alexis dans ce triste état, celui-ci n'y éprouvait encore aucune douleur. Il disait seulement que son estomac n'allait pas à l'ordinaire et qu'il ressentait des étourdissements dans la tête. Cet exemple nous prouve que les personnes qui ont l'habitude de boire, peuvent demeurer longtemps sans soupçonner le mal qu'elles se font à elles-mêmes. Mais elles sont certaines de s'en apercevoir plus tard. Quelque maladie redoutable viendra, un jour ou l'autre, leur montrer dans quel état de décomposition se trouve l'intérieur de leur corps; ou bien chez elles le physique et l'intelligence iront s'affaissant graduellement. Si vous visitiez un hospice de fous, vous verriez plus d'hommes qui y ont été renfermés par suite d'habitude d'ivrognerie que pour toute autre cause.

—————

D. Pourquoi ne faut-il pas manger vite?

R. Parce que l'estomac a besoin d'un certain temps pour disposer chaque morceau avalé, de façon à ce que le suc gastrique en imprègne bien toutes les parties.

D. Quelles substances le docteur Beaumont a-t-il vues nuire à l'estomac?

R. Les liqueurs spiritueuses prises avec excès.

D. La détérioration que l'abus des spiritueux amène dans l'estomac se fait-elle toujours immédiatement sentir?

R. Non : la plupart du temps ces abus produisent des affections qui ne s'aggravent que peu à peu.

—————

QUATORZIÈME LEÇON.

DES ALIMENTS SAINS.

Heureusement nous sommes à même de dire assez exactement ce qui convient à l'estomac sans être obligés d'y regarder.

Si nous nous sentons mal à l'aise après un repas, au lieu d'en éprouver du mieux, il est très-probable, soit que nous aurons mangé quelque chose de malsain, soit que nous aurons mangé trop ou trop vite.

Si nous reposons mal la nuit, si nous nous éveillons le matin avec mal à la tête, si nous ne nous sentons pas disposés à déjeuner, c'est bien souvent un indice qu'il y a eu quelque chose de nuisible dans notre dernier repas de la veille.

Souvent un petit enfant est agité ou grognon, parce qu'il a pris quelque chose qu'il ne digère pas bien, et que cela lui occasionne du malaise. Il ne sert de rien de le gronder ou de le battre, ce qui ne faciliterait en rien la digestion. Il est encore plus déraisonnable de chercher à le calmer, à lui rendre la bonne humeur en lui donnant quelque chose à manger, — des sucreries, des gâteaux ou de la pâtisserie, — ce qui ne fera que fatiguer encore plus l'estomac, si celui-ci ne fonctionne pas bien, et rendre la digestion encore plus difficile. Un sûr moyen de rendre un enfant heureux et de bonne humeur, c'est de ne lui donner jamais que des choses saines à manger.

Il y a des gens qui se figurent que s'ils ont endommagé leur estomac, ils le remettront en état en prenant des médicaments; ils écoutent donc leurs fantaisies pour des substances indigestes, et puis ils avalent des pilules et des médecines pour remédier au mal.

Mais si les médicaments peuvent remédier au mal présent, ils en amènent le plus souvent un autre; ils affaiblissent l'estomac et la santé générale. C'est guérir d'une maladie, à condition d'en contracter une seconde plus grave.

Le mieux est de n'avoir jamais besoin de médicaments. Bien des gens peuvent faire beaucoup plus pour se tenir en santé eux et leurs enfants, en n'achetant que des aliments sains, qu'en ayant toujours des armoires pleines de potions et de pilules.

C'est une chose excellente que les aliments sains soient pour la plupart à bon marché; mais il y a des gens si pauvres qu'ils ne peuvent en acheter une quantité suffisante pour leurs familles, et dont la santé souffre, non pas de ce qu'ils mangent trop, mais de ce qu'ils ne mangent pas assez.

Il n'en est que plus nécessaire qu'ils dépensent le peu d'argent dont ils peuvent disposer à acheter des aliments qui les nourrissent réellement; surtout qu'ils ne le gaspillent pas à se procurer des boissons enivrantes, lesquelles ruinent à la fois leur corps et leur intelligence, et vident la bourse du pauvre en même temps qu'elles lui enlèvent les moyens de la remplir.

D. Les désordres de l'estomac se manifestent-ils toujours par des douleurs dans cet organe?

R. Non; ils se manifestent quelquefois par des douleurs de tête et des changements dans le caractère.

D. Vaut-il mieux se bien porter sans recourir aux médicaments?

R. Oui.

QUINZIÈME LEÇON.

DE LA SÉPARATION DES PARTIES NUTRITIVES DU CHYME.

Quand les aliments ont été dissous dans l'estomac, l'opération suivante est de séparer les parties les plus grossières, lesquelles ne sont d'aucune utilité pour le corps, et de préparer la partie nutritive qui doit seule se réunir au sang.

Aussitôt que le chyme a franchi le pylore, il entre dans le tube appelé intestin ou boyau, lequel chez un adulte a plus de dix mètres de longueur.

Ce tube immensément long est plié et contourné, comme vous le voyez sur cette planche, afin d'occuper dans le corps le moins d'espace possible.

Ses parois ont le même mouvement contractile que
nous avons observé dans l'œsophage, et le chyme se

PI. 6.

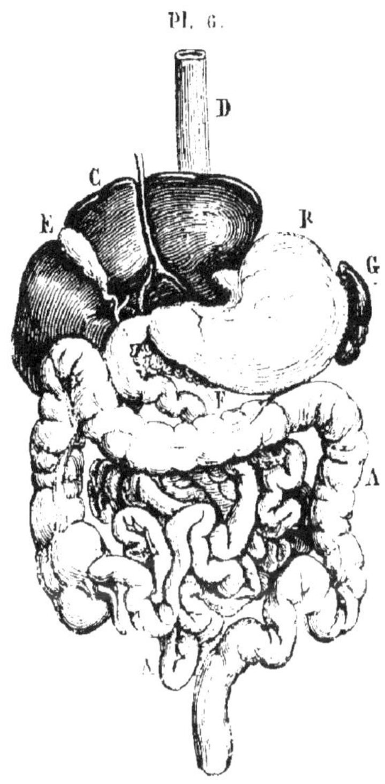

Organes digestifs.

A A. Intestins.
  B. Estomac.
  C. Foie.
  D. OEsophage.
  E. La vésicule du fiel.
  F. Le pancréas.
  G. La rate.

trouve ainsi poussé d'une extrémité à l'autre. Le long
de son parcours, il reçoit trois fluides : la *bile*, qui s'en-

gendre dans le foie; le *suc pancréatique*, lequel se produit dans le pancréas, qui se trouve précisément au-dessous de l'estomac; et le *suc intestinal*, qui est sécrété le long des parois ou enveloppes de l'intestin.

Ces trois fluides ont la propriété singulière de séparer la partie nutritive du chyme sous la forme d'un nouveau fluide, assez fin, assez délié, pour passer à travers les plus petits vaisseaux; ils opèrent encore en lui quelques autres changements qui le rendent plus propre et plus apte à se convertir en sang.

Ce fluide délié et nutritif qui se sépare du chyme s'appelle le *chyle*.

Tout le long de l'intestin se trouvent les vaisseaux les plus ténus, prêts à absorber ce fluide nutritif, aussitôt qu'il est préparé. Quand le chyme a parcouru la longueur de ce tube de dix mètres, toute la partie nutritive qu'il contenait a été pompée par ces actifs petits vaisseaux conducteurs, et portée par eux à de grosses veines qui vident le chyle dans le sang, près du cœur.

———

D. Quelle est la fonction de l'intestin?

R. De séparer le chyle du chyme.

D. Qu'entend-on par le chyle?

R. La partie nutritive des aliments.

D. Que devient le chyle?

R. Il se mêle avec le sang et est porté au cœur.

———

SEIZIÈME LEÇON.

LES ALIMENTS, QUELQUE DIFFÉRENTE QUE SOIT LEUR NATURE, PRODUISENT LE MÊME SANG.

Nous venons de voir quel voyage les aliments accomplissent dans l'intérieur du corps, et quels changements ils ont éprouvé à la fin de leur course. De quelque nature que soient les aliments absorbés, le même chyle, délicat, uni, blanc comme du lait, en provient et deviendra ensuite le sang rouge qui circule dans toutes les veines du corps humain.

Le sang du petit enfant est précisément le même que celui de l'homme adulte, bien que le premier n'ait point d'autre aliment qu'un peu de lait, et que le second soit le résultat de la digestion du pain, de la viande, du fromage, du vin, de la bière et de mille autres substances différentes.

Le sang du Groënlandais, qui ne mange pendant tout le cours de l'année que de la graisse de baleine, de la chair de chien de mer ou de phoque crue, est précisément le même que celui de l'Hindou qui ne se nourrit pour ainsi dire que de riz et de fruits. Les repas les plus exquis que l'on se puisse procurer à prix d'or, les mets les plus recherchés, les vins les plus généreux ne rendent pas le sang du riche supérieur en quoi que ce soit à celui du pauvre, qui n'a peut-être que du pain et des pommes de terre pour son repas quodidien.

Il est dit dans l'Écriture : « Dieu a fait d'un seul et même sang toutes les nations humaines pour habiter sur toute la face de la terre. » Mais si, par une habileté que nous ne saurions comprendre, il n'avait donné à la digestion la faculté de convertir les différentes espèces d'aliments en une seule et même espèce de sang, les hommes n'auraient pu habiter sur toute la face de la terre, et la grande famille humaine n'aurait pu partout s'alimenter.

Supposez que les mille millions d'hommes, de femmes et d'enfants qui vivent maintenant sur la surface du globe, eussent dû s'alimenter exclusivement de pain, comment aurait-on cultivé assez de blé pour les nourrir ?

Nous appelons le pain le soutien de la vie, mais il y a des pays entiers dont les habitants n'en ont jamais goûté et qui s'en passent très-facilement.

Des milliers de pauvres paysans irlandais ne vivent que de pommes de terre et de lait écrémé. Des millions d'Hindous ne se nourrissent que de riz et de fruits. L'Arabe nomade se contente de bien peu de chose ajouté au fruit du dattier et au pain fait avec la graine du lotus. Les peuples du Kamtschatka se nourrissent presque exclusivement de poisson. Les habitants des Pampas, dans l'Amérique du Sud, ne mangent pour ainsi dire que du buffle. Chez quelques peuplades des îles de la mer des Indes le mot sagou est synonyme de pain, parce que le sagou, qui se trouve à l'intérieur de la tige du palmier, est la base principale de leur nourriture. Les Esquimaux, qui vivent dans des régions glacées, où le froid est trop intense pour qu'il puisse y pousser du blé, des arbres ou des légumes, font leur nourriture de la graisse de baleine et de la chair de tous les animaux qu'ils peuvent rencontrer. C'est ainsi que les hommes, qui ont été créés pour habiter « sur toute la face de la terre, » trouvent leur nourriture dans tous les pays et sous tous les climats, s'ils savent employer à se la procurer leur intelligence et leur activité.

La plupart des autres animaux sont faits pour se nourrir seulement d'une ou de deux espèces d'aliments ; aussi, dans leur état naturel, ne les trouve-t-on que dans les parties du globe où abonde la nourriture qui leur convient le mieux.

Mais les hommes trouvent la leur partout : sur la terre et sous la terre ; dans l'air et dans l'eau ; dans une variété innombrable de feuilles, de graines, de racines, d'animaux, d'oiseaux, de poissons et même de minéraux.

Ainsi, ces saisons diverses, cette variété infinie dans les formes et les couleurs des arbres, des plantes et des animaux, qui rendent ce monde si beau à voir et si agréable à habiter, nous fournissent aussi pour soutenir notre existence des milliers d'aliments différents.

D. Qu'est-ce qui permet à l'homme de vivre dans les différentes contrées du globe?

R. La faculté admirable de la digestion, qui change en un seul et même sang un si grand nombre de produits différents de la terre.

DIX-SEPTIÈME LEÇON.

DE L'UTILITÉ DES ENSEIGNEMENTS QUE NOUS DONNE LA FAIM.

Quelques personnes penseront peut-être qu'il eût mieux valu pour nous que la nourriture nous eût été donnée sans peine aucune de notre part, comme l'herbe est donnée aux vaches, ou la feuille à la chenille. Et peut-être en eût-il été ainsi, si nous eussions été destinés à mener la même vie que les animaux; manger, dormir et mourir.

Mais nous avons été doués de facultés de l'esprit et du corps que ne possèdent pas les animaux; plus nous faisons un usage convenable de ces facultés, plus nous sommes heureux et mieux nous sommes.

A toutes les époques, la faim a forcé les hommes de travailler comme aucun autre mobile n'eût pu le faire. Ne trouvant pas leur nourriture toute prête chaque fois qu'ils en avaient besoin, il leur a fallu imaginer les moyens de s'assurer de n'en manquer jamais : c'est ainsi qu'ils sont parvenus à capturer les sauvages animaux des forêts ou de la plaine, et les poissons et les oiseaux ; c'est ainsi qu'ils ont appris à cultiver la terre et à semer du grain, pour en obtenir le pain; qu'ils ont inventé des outils et des machines destinés à rendre leur tâche plus facile; qu'ils ont découvert les méthodes qui font produire au sol les plus abondantes moissons, et qu'ils ont élevé de la manière la plus avantageuse les animaux les plus propres à leur alimentation. A l'aide du feu, ils ont convertis en aliments salutaires, des substances qui, dans l'état de crudité, n'eussent que très-difficilement contribué à les nourrir. Quand leur pays natal ne leur fournissait pas une alimentation suffisante, ils ont imaginé des vaisseaux pour en aller chercher ailleurs. C'est ainsi que tous les efforts des hommes pour nourrir leur corps ont agrandi leur intelligence, qu'ils se sont rendus habiles, qu'ils ont réfléchi, et sont devenus capables de s'occuper d'autres choses encore que du soin de se procurer leur nourriture.

Notre Père céleste pouvait-il donner à ses enfants une meilleure éducation, qu'en les obligeant à faire usage des facultés physiques et intellectuelles qu'il leur a accordées, et qu'en récompensant alors leurs efforts par les biens que la terre leur rend en proportion de leurs travaux.

Le mélodieux chantre d'Israël qui a composé, il y a près de trois mille ans, ces grands vieux psaumes qu'on chante dans nos églises, semble avoir compté la nécessité du travail parmi les preuves nombreuses de la bonté de Dieu.

« Il fait pousser l'herbe pour les troupeaux et le grain à l'usage de l'homme, afin que celui-ci tire de la terre sa nourriture.

« L'homme sort le matin pour aller à son ouvrage, et travaille jusqu'au soir.

« O Seigneur ! comme vos œuvres sont grandes et nombreuses ! Vous les avez toutes faites dans votre sagesse. De vos biens la terre est couverte. »

D. Comment la nécessité de se procurer la nourriture a-t-elle été un bienfait pour le genre humain ?

R. Elle a forcé les hommes à travailler, à exercer leurs facultés physiques et intellectuelles.

D. Pouvons-nous être heureux si nous n'exerçons pas ces facultés ?

R. Non.

SECONDE PARTIE.

DIX-HUITIÈME LEÇON.

POURQUOI RESPIRONS-NOUS?

Si nous cessions de respirer pendant quelques minutes, nous mourrions.

Que faisons-nous donc chaque fois que nous respirons, qui soit si important à la vie ?

Nous faisons deux choses quand nous respirons : nous aspirons quelque chose en dedans ; nous expirons quelque chose au dehors.

Nous aspirons en dedans l'air extérieur; nous expulsons par notre bouche et nos narines, sous forme de mauvais air et d'humidité, certaines parties du sang qui ne sont plus d'aucune utilité pour le corps et qui sont devenues impures.

Nous avons vu comment le sang qui nous nourrit

4

est formé par les aliments que nous prenons. Mais après qu'il a reçu le chyle des aliments et qu'il s'est versé dans le cœur, le sang a besoin que quelque chose encore vienne s'y joindre, pour devenir un sang pur et convenable.

Ce quelque chose fait partie de l'air qui nous environne, et s'appelle *oxygène ;* tout le sang qui est dans notre corps a besoin d'être exposé à l'air, pour recevoir l'action de l'oxygène qui y est contenu.

L'oxygène purifie le sang de ses impuretés; il transforme celles-ci en un gaz ou mauvais air (nommé *acide carbonique*) qui puisse être expulsé : et la raison pour laquelle nous sommes obligés de respirer à tout moment, c'est que le sang devient comme un poison mortel et tue immédiatement, s'il n'est maintenu en contact avec l'oxygène de l'air. Ainsi, quand une personne se noie, elle meurt parce que l'eau empêche l'air de pénétrer dans la trachée-artère, et que par conséquent aucune partie d'oxygène ne peut agir sur le sang; celui-ci, forcé de parcourir le corps sans avoir été purifié, arrête l'action du cœur et du cerveau, et amène la mort en peu de minutes. C'est la même cause qui détermine la mort dans tous les autres cas de suffocation.

Bien que nous ne puissions pas voir l'oxygène, non plus que l'air dont il est une partie, les chimistes savent le séparer de celui-ci, en remplir des bouteilles ou d'autres vases hermétiquement fermés, et dire en quoi il diffère de l'air au milieu duquel nous vivons.

Vous savez que sans voir l'air, nous pouvons souvent sentir combien c'est une chose réelle et puissante; quand, par exemple, il nous frappe au visage pendant une tempête; quand il secoue les plus grands arbres de la forêt et qu'il déracine les chênes; quand il soulève en montagnes les flots de l'océan et brise en deux.les grands mâts d'un vaisseau.

Vous avez tous vu des ballons de caoutchouc et des vessies en forme de ballons, qui ne sont remplis que d'air, que l'on y introduit jusqu'à ce qu'ils deviennent durs. On se sert encore de l'air pour garnir des coussins, dans lesquels on le fait entrer avec un soufflet.

De même que sans voir l'air, nous pouvons nous convaincre que c'est une chose réellement existante; de même, si nous ne voyons pas l'oxygène, nous pouvons apprécier son action sur d'autres corps. Par exemple, si l'on remplit une bouteille d'oxygène, elle pèsera plus que si elle ne contenait que de l'air ordinaire. Si l'on introduit une bougie allumée dans une bouteille pleine d'oxygène, elle brûlera d'une manière bien plus brillante qu'elle ne le ferait dans l'air ordinaire.

Si l'on souffle une bougie, et qu'on la mette dans l'oxygène, alors que la mèche est encore rouge, elle se rallumera et flambera immédiatement; bien plus, un fil de laiton s'enflammera et brûlera dans l'oxygène comme une baguette de bois.

Par contre, si vous placez une bougie allumée dans de l'air qui ne contienne plus d'oxygène, elle s'éteindra immédiatement. C'est l'oxygène, dans l'air, qui produit le feu ; car le feu n'a d'autre cause que la combinaison rapide d'un corps combustible avec l'oxygène. Nous ne pouvons allumer et entretenir le feu que parce qu'il y a de l'oxygène dans l'air; et quand nous soufflons sur le feu, avec un soufflet, s'il s'allume plus vite, c'est parce que nous lui.fournissons plus vite aussi de l'oxygène. L'oxygène est donc nécessaire à la fois à la vie et à la combustion.

Nous trouvons ainsi partout, dans le monde immense où nous vivons, les deux choses nécessaires à la conservation de la vie : les aliments qui renouvellent notre sang, et l'air qui en maintient la pureté.

D. Qu'est-ce que nous faisons quand nous respirons?

R. Nous admettons à l'intérieur de l'air pur, et nous chassons dehors de l'air vicié et de l'humidité.

D. Qu'est-ce qui dans l'air purifie le sang et est indispensable à la vie?

R. L'oxygène.

DIX-NEUVIÈME LEÇON.

COMMENT LE SANG EST-IL EXPOSÉ AU CONTACT DE L'AIR ?

Puisque la totalité du sang est renfermée dans le corps, comment peut-il, en totalité aussi, se trouver exposé au contact de l'air?

C'est au moyen du *cœur* et des *poumons* que cette action s'accomplit.

Les poumons sont deux masses d'apparence à peu près charnue, pleines de petites cellules comme une éponge. Vous avez vu ce qu'on appelle le mou dans les boucheries; le mou est le nom qu'on donne aux poumons, quand on parle des animaux.

Les poumons, au moyen de tous ces petits trous, ou petites cellules, sont susceptibles de se remplir d'air, comme l'éponge se remplit d'eau.

L'air descend dans les poumons le long de la trachée-artère chaque fois que nous respirons.

Pl. 7.

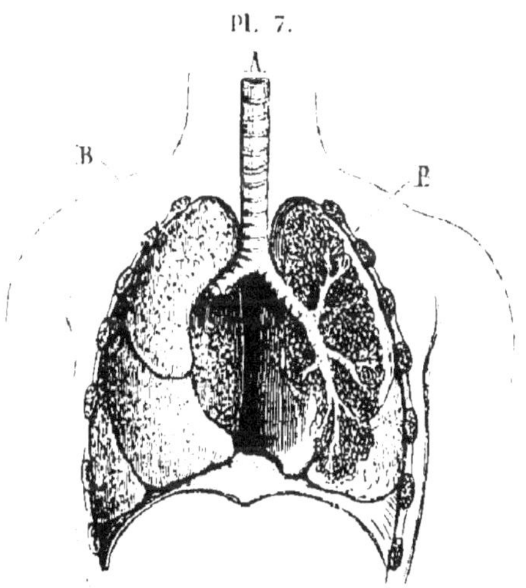

Trachée-artère et poumons.

Sur cette planche vous voyez comment la trachée-artère (A) se divise en deux branches, dont chacune pénètre dans l'un des poumons (BB).

Ces deux branches creuses, une fois arrivées dans

l'intérieur des poumons, se subdivisent en un grand nombre de tubes plus petits, lesquels conduisent l'air dans les cellules aériennes.

Ces petits tubes à air, ou rameaux de la trachée-artère, sont appelés *bronches*. Quand nous avons un mauvais rhume et que la poitrine nous fait mal, cela vient de ce que ces conduits sont enflammés.

Nos poumons contiennent un nombre immense de cellules à air, plusieurs millions, dit-on; et chaque fois que nous respirons, nous les remplissons d'air.

Or, le cœur envoie le sang aux poumons, pour qu'il se trouve en contact avec l'air dans les cellules.

Le cœur est un peu plus volumineux que le poing fermé d'un homme. Son intérieur est cloisonné de manière à former quatre espaces creux ou cavités. Pour le conserver dans un état de moiteur, il est renfermé dans un sac membraneux dont la paroi interne est toujours humide.

Regardez la planche 2 (page 15): vous verrez que le cœur est placé entre les deux poumons; vous verrez aussi les bords du sac qui le contient (B). On a coupé ce sac, afin de laisser voir l'intérieur du cœur.

Vous vous rappelez qu'aussitôt après que le chyle provenant des aliments, s'est mêlé au sang, celui-ci est versé dans le cœur par de grosses veines. Dans la planche suivante représentant une coupe du cœur, vous pouvez remarquer les extrémités de ces deux grosses veines (AA), qui toutes deux se vident dans la première des quatre cavités ou chambres du cœur (B).

Le sang que ces veines portent au cœur est d'un brun foncé ; il est chargé d'impuretés qu'il a ramas-

Pl. 8.

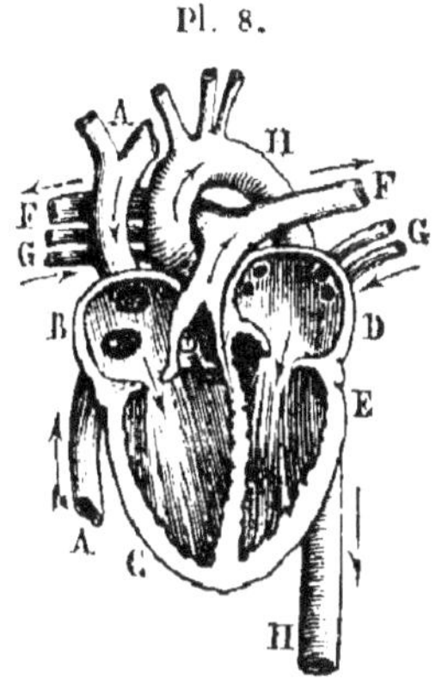

A A. Veines qui conduisent le sang noir au cœur.
  B. Première, C deuxième, D troisième, E quatrième chambre du cœur.
F F. Artère conduisant le sang noir aux poumons.
G G. Veines ramenant le sang rouge au cœur.
  H. Grande artère qui distribue le sang rouge dans tout le corps.

sées dans son trajet à travers le corps. C'est seulement par l'action que l'air exerce sur le sang dans les poumons, qu'il acquiert en devenant pur une teinte rouge vermeille.

On peut se faire une idée de la manière dont le cœur envoie le sang aux poumons, et de là dans tout le corps, en regardant attentivement la planche ci-dessus et la suivante qui a pour sujet la circulation du sang. Bien que cette dernière planche ne soit pas une représentation exacte du cœur, des vaisseaux sanguins et des conduits aériens, elle peut donner

quelqu'idée de la circulation du sang à travers le
cœur, les poumons, les artères et les veines.

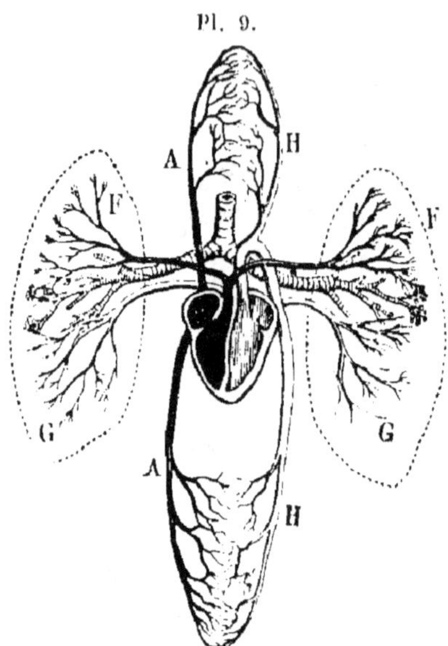

Circulation du sang.

Aussitôt que le sang brun des veines est versé dans
la première petite chambre du cœur (B, planche 8),
il descend à travers une *valvule*, ou petite porte, dans
la chambre inférieure (C, planche 8).

On appelle valvule une petite pièce charnue,
libre d'un côté et fixée de l'autre, à peu près comme
une porte sur ses gonds. Ces petites soupapes n'ouvrent que dans un sens et se referment toujours immédiatement, de manière que ce qui les a une fois
franchies ne peut plus revenir en arrière. Ainsi,
lorsque le sang a passé à travers la valvulve dans la

seconde chambre, la petite porte se ferme derrière lui et il ne peut plus refluer. Cette seconde chambre du cœur se presse sur elle-même, se contracte au moyen des fortes fibres musculaires qui en constituent les parois, et force ainsi le sang à remonter à travers l'artère (F, planche 8), qui se bifurque et envoie à droite et à gauche une branche à chacun des deux poumons.

Au moment où le sang se trouve en contact avec l'air dans les poumons, il perd sa couleur noirâtre et devient d'un rouge vermeil. Il absorbe l'oxygène contenu dans l'air, lequel est supposé s'unir alors avec les impuretés ou la matière noire du sang, et les changer en un gaz que nous expirons immédiatement.

Ainsi purifié et rendu rouge, le sang est renvoyé au cœur par les veines représentées par GG dans les deux planches 8 et 9. Mais le sang rouge ne retourne pas dans la même cavité du cœur, d'où le sang noir a été chassé. Il passe dans la troisième petite chambre (D), puis descend dans la quatrième (E), laquelle se contracte aussitôt en se resserrant énergiquement sur elle-même, et envoie le sang dans la grande artère (H), d'où il est conduit par toutes les divisions et subdivisions artérielles à toutes les parties du corps.

Chaque fois que le cœur bat, — environ 80 fois par minute, plus de 4000 fois en une heure, — s'accomplit cette opération, qui rend le sang propre à la nutrition et le répand dans tout le corps. Près de dix-huit fois par minute, quand nous respirons tranquillement comme à l'ordinaire, les poumons s'épanouissent pour recevoir l'air; le cœur envoie le sang noir aux poumons; l'air cède son oxygène; celui-ci revivifie le sang, qui devient rouge; les impuretés du sang s'évaporent et sont rejetées par la respiration; enfin le sang rouge retourne au cœur, propre à être envoyé dans toutes les parties du corps.

Si le cœur, fatigué, s'arrêtait un instant et négligeait d'envoyer le sang aux poumons; si les poumons refusaient de s'épanouir pour recevoir l'air, nous mourrions aussi certainement que si nous avions été noyés.

Comme nous nous sentons faibles dans la main du grand Être qui soutient notre vie, quand nous savons que celle-ci dépend à chaque instant des mouvements de parties intérieures de notre corps, sur lesquelles nous n'avons absolument aucun contrôle.

Mais, d'un autre côté, si cette connaissance nous fait sentir notre faiblesse, elle nous enseigne que nous pouvons compter sur les soins incessants de cette Providence qui fait battre notre cœur et respirer nos poumons, sans qu'il nous en coûte aucune peine et sans même que nous en ayons conscience.

La nourriture, nous la pouvons attendre quelque temps : Dieu nous a donc laissé le soin de nous la procurer; mais il nous faut de l'air à chaque instant : c'est pourquoi il nous a entourés partout de cet élément pur, doux et rafraîchissant, et a disposé nos poumons de façon à l'aspirer d'eux-mêmes.

D. A quoi servent les poumons?

R. A se remplir d'air pour mettre l'oxygène en contact avec le sang.

D. Comment l'air pénètre-t-il dans les poumons?

R. Par la trachée-artère et les bronches.

D. Comment le sang arrive-t-il aux poumons?

R. C'est le cœur qui l'y envoie.

VINGTIÈME LEÇON.

COMMENT LE SANG EST-IL ENVOYÉ DANS TOUTES LES PARTIES DU CORPS?

Le cœur ayant accompli la première partie de sa tâche, — celle d'envoyer le sang noir dans les poumons pour y être purifié, — il lui reste à s'acquitter de la seconde, celle d'envoyer le sang rouge dans toutes les parties du corps.

Il y a deux sortes de tubes creux par lesquels le sang circule dans toutes les parties du corps. On les nomme les artères et les veines. (Voyez la planche première représentant un rameau artériel, page 14.)

Les artères transportent le sang pur et rouge, qui part du cœur; les veines rapportent au cœur le sang impur et noir.

Jetez les yeux sur la planche 8 qui représente le cœur, (page 67), vous verrez le commencement de la grande artère (H) qui emporte le sang hors du cœur, et les extrémités des grandes veines (GG) qui l'y ramènent.

Si vous posez votre main au côté gauche de votre poitrine, vous sentirez votre cœur battre. Si vous appliquez votre oreille au même endroit sur une autre personne, vous entendrez le bruit que fait le cœur en battant.

Ce battement est occasionné par le mouvement que fait le cœur, lorsque ses deux chambres inférieures ou *ventricules*, ainsi qu'on les appelle, se contractent et expulsent le sang qu'ils renferment.

Le ventricule droit (C) envoie le sang noir dans les poumons (comme nous l'avons vu dans la dernière leçon), tandis que le ventricule gauche (E) pousse dans la grande artère qui y prend naissance, le sang rouge revenu des poumons.

Cette grande artère est appelée *l'aorte*. Elle fournit des artères plus minces, absolument comme le tronc d'un arbre donne des branches et des rameaux (ce que vous pouvez voir sur la planche I, page 14). Le nombre des rameaux artériels est si considérable, et certains d'entre eux sont si minces, si déliés, — quelques-uns plus ténus que le cheveu le plus fin, — qu'ils pénètrent à toutes les extrémités du corps.

Plusieurs d'entre vous ont peut-être vu la pompe à incendie ou la pompe à arroser les jardins, dans lesquelles l'eau est lancée par des tuyaux de gutta-percha. Le cœur ressemble à peu près a cette pompe, et les artères aux tuyaux de gutta-percha.

Le cœur lance le sang avec une telle force dans l'aorte, que si l'on piquait cette artère, le sang en jaillirait comme d'une petite fontaine ; l'artère elle-même éclaterait quand le sang s'y précipite, si elle n'était très-forte et très-résistante. C'est pour cela que l'aorte est plus forte que toutes les autres veines et artères.

Les artères sont formées de trois couches de peau d'espèces différentes qui, réunies, font un tube aussi ferme et aussi fort que le cartilage le plus dur, et cependant plus élastique que le caoutchouc. C'est en vertu de cette élasticité que les artères aident à la circulation du sang.

Le cœur serait impuissant à lancer le sang dans les artères les plus éloignées, si celles-ci n'aidaient elles-mêmes à sa circulation. Mais quand le sang y afflue, les parois des artères s'écartent d'abord pour le recevoir, puis elles se contractent immédiatement et le forcent à se précipiter en avant. Le sang ne peut retourner vers le cœur, parce qu'une valvule l'en empêche, et comme les parois des artères se dilatent et se contractent aussitôt, il est forcé de précipiter constamment son cours.

Il y a toujours un danger sérieux quand on coupe ou que l'on pique une grande artère, parce que le sang en sort avec une telle rapidité qu'il pourrait couler jusqu'à amener la mort, si l'on ne parvenait à l'arrêter. La Providence a donc pris grand soin de protéger les artères contre toute injure. Les plus considérables ne s'étendent jamais à fleur de peau, comme le font certaines veines, mais sont profondément situées dans les chairs; quelques-unes, placées à l'intérieur des os, serpentent dans des cavernes faites exprès, à l'abri des coupures et des blessures. Par exemple, il y a dans la partie interne de chacun de nos doigts, une artère le long de l'os, et celui-ci est creusé de telle façon pour l'y loger en sûreté, que vous pourriez couper le doigt jusqu'à l'os sans la toucher. Il arrive donc rarement qu'une grande artère soit tranchée par accident. Quand vous vous coupez ou que vous vous piquez en quelque endroit du corps, ce n'est presque toujours qu'une petite veine qui se trouve blessée, et comme le sang y coule bien plus lentement, cet accident n'a pas de conséquences graves.

Regardez la partie interne de votre poignet, vous verrez les veines courir à fleur de peau, avec le sang d'un brun noir qu'elles contiennent; si vous appuyez les doigts de l'autre main un peu au-dessus du poignet, du côté du pouce, vous sentirez battre et palpiter une artère. Ce battement s'appelle le *pouls;* il a pour cause la soudaine tension ou expansion de l'artère, à chaque nouveau flux de sang qu'elle reçoit du cœur.

Les artères battent juste aussi souvent que le cœur; celui-ci le fait chaque fois qu'il se contracte et envoie du sang dans les artères, et celles-ci battent chaque fois qu'une quantité de sang nouveau y afflue. Chez la plupart des adultes, en bonne santé, le cœur et les artères battent environ soixante-dix fois par minute, et un peu plus vite chez les enfants et les vieillards. Dans quelques maladies ils battent plus vite, c'est-à-dire que le sang afflue avec plus de précipitation ; dans d'autres ils battent plus lentement par la raison inverse. Quand nous sommes malades et que le docteur nous tâte le pouls au poignet, il peut souvent dire quelle est la gravité de notre maladie, par la façon dont le sang se comporte et la plus ou moins grande rapidité avec laquelle il afflue.

L'accélération du pouls nous indique la vitesse avec laquelle une ondée sanguine suit la précédente. Cependant songez aux deux choses que le sang doit faire quand il court avec cette rapidité. Il distribue une nouvelle nourriture à toutes les parties en même temps qu'il entraîne toutes les matières usées et inutiles : opération analogue à celle qui consiste à jeter de nouveau charbon de terre sur le feu et à enlever en même temps les cendres.

Ce merveilleux fluide vivant porte en lui-même tous les matériaux propres à entretenir les diverses substances dont se compose le corps humain. A la chair, le sang apporte ce qui doit devenir de la chair ; au cerveau, ce qui doit devenir du cerveau ; aux os, ce qui doit devenir des os ; à la peau, ce qui doit devenir de la peau. Non-seulement le sang renouvelle et maintient en vie toutes les parties solides du corps, mais il fournit encore les fluides, tels que le suc gastrique, la bile, la salive, les larmes. En sorte que, lorsque le sang a terminé son voyage à travers les artères, il s'est séparé de ses parties nutritives et s'est chargé des matériaux usés; il a perdu sa couleur rouge et est devenu presque noir; il n'est plus capable de nourrir le corps et d'y maintenir la vie; s'il devait rester dans le corps en l'état où il est, il y agirait comme un poison, il nous tuerait.

Que va-t-on donc en faire?

C'est maintenant que vous allez voir l'usage de cette autre série de tubes appelés les veines. Les veines se rattachent aux artères par un réseau de petits vaisseaux très-fins, que l'on nomme *capillaires* (du mot latin *capillus*, cheveu) et que traverse le sang; celui-ci passe des plus petites veines dans les plus grandes, jusqu'à ce qu'il atteigne, près du cœur, la plus considérable de toutes. En ce point le chyle, ou partie nutritive des aliments, se déverse dans le sang, qui est ensuite ramené au cœur. Alors, comme vous le savez, le cœur l'envoie dans les poumons, où il se change de nouveau en sang rouge par le contact de l'oxygène, et les matières usées dont il s'était chargé dans son passage à travers le corps sont expulsées par la respiration.

Ainsi le sang se trouve prêt à recommencer son voyage à travers le cœur et les artères.

Ce passage du sang dans les poumons d'abord,

et ensuite dans toutes les parties du corps, est appelé la *circulation du sang*. On dit que ce voyage que le sang exécute à travers le cœur, les poumons et tout le corps, s'accomplit en un peu moins de trois minutes ; il faut que le cœur batte environ quatre mille fois à l'heure pour lui permettre de voyager avec cette rapidité[1].

Et cependant, avec quelle tranquillité coule au dedans de nous ce fleuve rapide de la vie, ne s'arrêtant jamais depuis la naissance jusqu'à la mort ! Il coule si tranquille que nous n'en voyons, que nous n'en sentons rien, si ce n'est le petit battement du cœur et le sautillement du pouls. Aussi plusieurs milliers d'années se passèrent avant que les plus savants docteurs soupçonnassent à quoi servait réellement le cœur et comment le sang circulait.

Il n'y a pas plus de trois cents ans qu'un homme savant et ingénieux, Espagnol de naissance, Michel

---

1. Il est probable que les mêmes molécules de sang ne retournent pas immédiatement aux poumons. Elles peuvent rester quelque temps dans les tissus, prenant la place d'autres molécules qui rejoignent la circulation. Les quatre cinquièmes du corps étant composés de fluides, une petite partie seulement de la totalité des fluides est contenue dans les vaisseaux sanguins. De même que la pluie qui tombe aujourd'hui, s'enfonce dans le sol et déplace quelque partie d'eau tombée dans les mois précédents, — les sources et les courants s'alimentant non de la pluie immédiate, mais des conséquences de sa chute, — ainsi le sang pénétrant dans un organe ou dans un muscle déjà rempli de sang, n'a pas besoin de le traverser de suite ; il suffit qu'il en déplace une égale quantité pour paraître avoir passé au travers des tissus.

Servet, découvrit que le cœur envoie le sang aux poumons pour y être exposé au contact de l'air.

Quelques années après que Servet eut découvert la circulation du sang dans les poumons, un Anglais, William Harvey, découvrit l'autre partie de la circulation, celle qui a lieu dans tout le corps, et par laquelle le cœur envoie le sang dans les artères, et de celles-ci dans les veines qui le reportent au cœur.

Il semble moins étrange qu'il ait été si difficile de connaître ce qui se passe à l'intérieur de cette machine vivante, notre propre corps, lorsqu'on voit que la plupart d'entre nous ne savent pas plus quelles opérations s'y accomplissent, qu'un petit enfant qui regarde de loin un moulin ne se fait une idée de la manière dont se moud le blé.

Des hommes d'un grand génie et d'un profond savoir ont peu à peu découvert les fonctions du cœur, des poumons, d'autres parties encore de l'admirable mécanisme humain ; mais il reste toujours à résoudre le grand problème : — Qui est-ce qui met la machine en mouvement ?

D. Que fait le cœur du sang rouge ?

R. Il l'envoie dans les artères.

D. Qu'est-ce que le battement du cœur ?

R. Le mouvement par lequel il expulse le sang.

D. Qu'est-ce que le pouls ?

R. Le mouvement du sang dans l'artère.

D. Que fait le sang quand il parcourt les artères ?

R. Il entraîne les matières usées et dépose à la place de nouveaux éléments nutritifs.

D. Que font les veines?

R. Elles reportent le sang impur et noir dans le côté droit du cœur.

D. Que devient le sang noir?

R. Il se change en sang bon et rouge, en recevant avant d'arriver au cœur le chyle des aliments puis l'action de l'air dans les poumons.

D. Comment s'appelle le trajet du sang par tout le corps?

R. La circulation du sang.

D. Que veut dire circulation?

R. Transport à la ronde.

VINGT ET UNIÈME LEÇON.

CE QU'IL FAUT FAIRE POUR MAINTENIR LE SANG SAIN ET PUR.

Maintenant que nous savons comment le sang se produit, et que l'oxygène de l'air n'est pas moins nécessaire que le chyle des aliments pour en faire ce fluide nutritif qui soutient la vie, nous comprendrons plus aisément le mal que nous cause la respiration d'un air impur.

Nous respirons à peu près dix-huit fois par minute quand nous le faisons naturellement et tranquillement. Chaque fois que nous respirons, nous introduisons environ cinquante centilitres d'air frais dans les poumons et nous en chassons à peu près autant d'air vicié. L'oxygène contenu dans cette quantité d'air frais suffit pour purifier le sang qui se trouve en ce moment dans les poumons. Or, si l'air que nous respirons ne renferme pas du tout d'oxygène, la vie et le mouvement s'arrêtent, et nous mourons. Le ventricule gauche du cœur, qui envoie le sang rouge dans les artères, refuse de pomper et cesse d'agir, si le sang lui arrive noir au lieu d'être rouge.

Si l'air que nous respirons ne contient que trop peu d'oxygène, le sang ne retourne au cœur qu'à demi vivifié; le cœur ne le pompe que faiblement; et lorsque le sang parcourt le corps, il ne peut lui apporter, comme il le devrait faire, la force et la vie.

Il est bien évident que si un grand nombre de personnes sont réunies dans une chambre close, chacune aspirant par minute neuf litres d'air pur et se débarrassant d'une quantité à peu près égale d'air vicié, le bon air que renfermait la chambre sera bientôt épuisé. Longtemps avant qu'il le soit entièrement, il s'est tellement chargé d'air vicié, et surtout des vapeurs animales qui s'exhalent par la transpiration et l'haleine, à un état très-voisin de la putridité, qu'il est tout à fait impropre à la respiration, et que ceux qui continuent à respirer un pareil air en peuvent être très-incommodés. Des maladies graves n'ont pas eu souvent d'autres causes ; quelques-unes de celles qui sont devenues mortelles n'auraient pas même été dangereuses, si l'on n'eût ainsi empêché l'air pur de parvenir aux poumons.

Nous ne devons donc pas nous étonner que souvent des personnes se trouvent mal à l'aise, incommodées, après avoir passé plusieurs heures dans des salles encombrées, comme les salles de spectacle, de concerts ou autres lieux de réunion, surtout le soir, quand ces salles sont éclairées au gaz et aux bougies. Vous n'avez pas oublié que le feu, comme la vie, a besoin d'oxygène pour se maintenir; il arrive ainsi que les lampes et les bougies luttent avec les poumons pour enlever à l'air l'oxygène qu'il contient.

Il y a quelques années, alors qu'on ne comprenait pas aussi bien qu'aujourd'hui comment et pourquoi nous avons besoin d'air pur, on souffrait beaucoup de sa privation dans les maisons d'habitation, les manufactures et les écoles. Les ouvriers des manufactures et les femmes qui vivent de leur aiguille, par exemple, avaient toujours le visage pâle et souffrant, parce que les locaux dans lesquels ils travaillaient toute la journée n'étaient pas suffisamment aérés, et que ceux qui s'y trouvaient étaient obligés de respirer plusieurs fois un air déjà vicié. Souvent on entassait de pauvres enfants dans une classe moitié trop petite pour leur nombre, et l'on s'étonnait qu'ils n'accomplissent pas bien leur tâche, alors que l'air qu'ils respiraient les rendait à chaque instant plus lourds et plus assoupis.

Combien, la classe finie, ces enfants devaient se

trouver heureux de courir en plein air ! Avant d'arriver chez eux, la promenade à l'air libre leur avait très-probablement rendu leur gaieté et leur vivacité. Mais ils étaient fort à plaindre si, rentrés à la maison, il leur fallait vivre et dormir dans des chambres où l'on n'introduisait que trop rarement un air pur, dans lesquelles régnaient de mauvaises odeurs par l'absence de propreté. Il y avait peu de chance que ces enfants-là fussent un jour des hommes vigoureux et bien portants.

Il est possible qu'en grandissant ils se soient habitués au mauvais air et à la malpropreté, au point de penser qu'ils ne s'en portent pas plus mal; mais en réalité, ils sont en pire condition. Car il est certain que nous ne pouvons jamais nous habituer à vivre dans un mauvais air, à moins que nos poumons ne soient devenus trop faibles pour accomplir convenablement leur fonction. N'avez-vous jamais remarqué combien plus nous sentons le besoin d'air pur quand nous entrons dans une salle chauffée et pleine de monde, que lorsque nous y avons séjourné pendant quelque temps ? Ceux qui crient pour demander qu'on ouvre les fenêtres sont justement ceux qui arrivent du dehors ; mais ceux qui sont là depuis quelque temps paraissent moins souffrir du manque d'air pur.

Or, la raison de ces faits est non-seulement que ceux qui viennent du dehors sentent plus que les autres la raréfaction et la corruption de l'air dans

la salle dont il s'agit, mais aussi que leurs poumons sont dans de meilleures conditions. Respirant
librement et avec force, ils trouvent autant de diffi-
culté à manquer de la portion ordinaire d'oxygène
qui leur est nécessaire, qu'en éprouve un enfant robuste et bien portant quand on le prive de la moitié de son repas. Après qu'ils sont restés quelque temps dans la salle, leurs poumons, à eux aussi,
s'affaiblissent au contact du mauvais air, et alors ils
n'éprouvent pas, dans le moment, plus d'inconvénient à n'avoir pas leur suffisance d'oxygène, que
l'enfant qui n'a pas d'appétit n'en éprouve à être
privé d'aliments. Mais le dommage essuyé par les
poumons n'en existe pas moins, pour n'être pas
immédiatement ressenti.

Il arrive même le plus souvent que le préjudice
qu'on éprouve à respirer un air vicié ne se manifeste
que très-lentement. Les pauvres gens qui doivent ga-
gner leur pain dans des ateliers clos et encombrés ;
dont la propre demeure est si étroite qu'ils ne peuvent s'y tenir chaudement sans que tout air pur ait
disparu, languissent souvent et tombent enfin malades sans savoir pourquoi. Ils ne digèrent pas bien
leurs aliments, ils se plaignent de maux de tête, ils
sont sujets à s'enrhumer ; s'il leur survient une maladie, il ne leur reste pas assez de force pour en revenir, comme le ferait une personne vigoureuse et d'une
bonne santé habituelle. L'une des causes de leur
faiblesse est très-vraisemblablement que leur sang n'a

pas reçu assez d'oxygène pour se conserver pur et capable de nourrir tout le reste du corps. Aussi la maigreur et l'apparence famélique d'un grand nombre d'ouvriers de manufactures proviennent plus souvent de l'insuffisance d'air pur que du manque d'aliments.

La fatale maladie appelée phthisie ou consomption, qui enlève à elle seule plus de jeunes gens que toutes les autres ensemble, est souvent amenée par cette circonstance, qu'ils respirent constamment un air vicié. Nous voyons de pauvres jeunes femmes, qui étaient autrefois des enfants saines et rosées, devenir très-maigres et très-pâles, avoir une toux fatigante; leurs poumons sont tellement dévastés par la maladie, que quelquefois elles peuvent à peine respirer. Si vous leur demandez : « Qu'est-ce qui vous a rendues si malades ? » il est très-probable qu'elles vous répondront : « C'est un mauvais rhume que j'ai attrapé. » Elles ne savent pas peut-être que le mal avait commencé dans leurs poumons avant qu'elles prissent ce rhume; que celui-ci se fût guéri facilement et n'eût pas amené la consomption, si leurs poumons n'eussent été trop faibles auparavant.

Sans aucun doute, le mauvais air n'est pas la seule cause de toutes les maladies; mais il en est certainement l'une des causes principales, puisqu'on a remarqué que ceux qui habitent des maisons où l'air est pur et sain tombent moins souvent malades et meurent jeunes en moins grand nombre que les autres.

Il y a environ quatre-vingts ans, il existait à Du-

blin, pour les femmes en couches et leurs enfants
nouveau-nés, un hôpital dans lequel on ne s'était pas
suffisamment préoccupé de maintenir la pureté de
l'air. Les pauvres petits enfants mouraient très-vite
dans cet hôpital. Sept mille six cent cinquante y
étaient nés dans l'espace de quatre ans, et près de
trois mille avaient succombé. Mais pendant les quatre
années suivantes, des mesures ayant été prises pour
rendre l'air salubre, sur le même nombre d'enfants
on n'en perdit plus que deux cent soixante-dix-neuf !
Ainsi l'on sauva la vie à plus de deux mille enfants,
rien qu'en permettant à leurs petits poumons de recevoir autant d'air pur qu'ils en demandaient.

Depuis quelques années, des hommes habiles, qui
se sont donné beaucoup de peine pour préserver le
pauvre de tant de souffrances et de maladies, ont
imaginé des modes de construction qui permettent à
l'air de circuler, sans que ces habitations soient pour
cela froides ou humides. Nos manufactures, nos
écoles, nos hôpitaux, construits d'après ces nouvelles idées, ne sont plus les lieux étroits et misérables qu'ils étaient autrefois. On commence à con-
struire (en Angleterre) sur les mêmes données des
maisons pour les pauvres gens, qui permettent d'espérer qu'avant peu d'années chaque ouvrier possé-
dera un logement dans lequel l'air se maintiendra
pur, en même temps qu'il sera chaud et confortable.

Ceci nous montre que c'est une chose utile que
la science, et que les savants, qui réfléchissent et

inventent, peuvent aider ceux qui sont obligés de travailler des bras plus que de la tête. Il fut un temps où les habitants de l'Angleterre se contentaient de s'abriter dans des huttes de terre et d'argile, sans cheminées, sans fenêtres, n'ayant qu'un trou au plafond pour laisser s'échapper la fumée, et un autre sur le côté pour donner accès du dehors et laisser pénétrer l'air et la lumière.

Or, de nos jours, grâce à ceux qui se sont tourmenté l'esprit pour le bonheur des autres, la cabane du plus pauvre paysan offre plus de commodités que le palais d'un roi il y a quelques centaines d'années.

Mais de quelque façon que les habitations soient construites, qu'elles appartiennent à des riches ou à des pauvres, leur plus ou moins de confort et de salubrité dépend beaucoup des gens qui les habitent. Nous pourrions entrer dans beaucoup de maisons de pauvres gens et en trouver l'intérieur plus avenant, plus propre, plus agréable à habiter que certaines grandes maisons où il y a nombre de domestiques pour faire l'ouvrage et beaucoup d'argent à dépenser. De même, il nous arrivera d'entrer dans un grand nombre de maisons, grandes ou petites, d'où le mauvais air et les odeurs nauséabondes nous forceront de sortir aussitôt, parce que ceux qui les habitent ont des habitudes malpropres et ne connaissent pas la valeur de l'air pur.

Quand vous serez grands, que vous aurez un logement, une famille à vous, il pourra arriver que vous ayez bien peu d'argent à dépenser pour votre nourriture, vos vêtements et vos autres nécessités; il y aura cependant deux luxes que vous pourrez toujours vous donner en abondance, parce qu'ils sont à bon marché : de l'air pur et de l'eau. Vous pourrez constamment renouveler l'air de votre chambre à coucher ou de vos autres pièces; même dans l'hiver, vous pourrez ouvrir les fenêtres, au moins une fois par jour, quand il n'y aura personne que cela risquerait d'enrhumer. Vous pourrez tenir propres votre maison, vos vêtements et vous-même, éloigner immédiatement tout ce qui est sale, tout ce qui peut vicier l'air; en sorte que vous et vos enfants ayez toujours un air salubre à respirer, si vous ne pouvez vous procurer toutes les autres choses dont vous auriez besoin.

D. Quel mal cela nous fait-il de respirer de mauvais air ?

R. Cela nous rend faibles et nous dispose aux maladies.

D. Comment se fait-il que les gens s'habituent à respirer un mauvais air?

R. Parce qu'ils perdent ce sentiment délicat de pureté que possèdent ceux qui respirent un air salubre.

D. Comment se fait-il que certaines gens ne paraissent pas éprouver le besoin d'air pur?

R. Parce que leurs facultés physiques sont tellement déprimées ou affaiblies qu'ils se contentent de moins d'air, comme un malade se suffit avec moins de nourriture.

D. Est-ce à dire que l'absence d'air pur ne leur porte pas de préjudice?

R. Non; mais ils ne ressentent pas dans le moment ce préjudice au même degré que s'ils étaient pleins de force et de santé.

VINGT-DEUXIÈME LEÇON.

COMMENT L'AIR EXTÉRIEUR SE CONSERVE-T-IL PUR?

Puisque l'air dans nos maisons devient si promptement impur, par cela seul que nous y respirons, vous pourrez peut-être vous demander comment la grande atmosphère elle-même, c'est-à-dire l'air qui environne le monde entier, ne devient pas impure elle aussi, une si grande multitude de créatures vivantes respirant continuellement l'oxygène qu'elle contient, et lui renvoyant en place l'air vicié des poumons?

En effet, ce ne sont point seulement les hommes, les femmes et les enfants qui ont besoin d'oxygène pour se maintenir en vie, mais aussi les animaux de toute espèce. Les vermisseaux, pour vivre dans leurs trous sous terre, ont besoin de l'oxygène de l'air aussi bien que les bœufs, les moutons et les plus grandes espèces d'animaux qui peuplent la surface de la terre; ils mourraient si l'air ne leur parvenait pas à travers les pores du sol. Les poissons eux-mêmes, qui vivent dans l'eau, ne pourraient subsister si l'eau ne contenait assez d'air pour fournir à leur respiration.

Pensez maintenant au nombre infini d'êtres auxquels l'oxygène est constamment indispensable : aux mille millions d'hommes, de femmes, d'enfants, aux myriades de quadrupèdes, d'oiseaux, d'insectes, de poissons qui vivent sur notre globe immense ! Et cependant jamais l'oxygène ne leur fait défaut. La divine Providence a voulu que l'air fût si vaste, qu'il n'y eût jamais à craindre qu'aucune créature vivante fût jamais privée de la part d'oxygène qui lui est nécessaire.

On croit que l'air se répand jusqu'à environ 60 kilomètres au-dessus de la terre, qu'il entoure de tous côtés, car la terre est un grand globe de 40 millions de mètres de circonférence. Telle est l'immense quantité d'air mise à notre disposition, qu'on a calculé que tous les hommes et tous les animaux du monde pourraient absorber par la respiration de l'oxygène pendant dix mille ans, sans amener une différence appréciable dans la masse de l'air.

Il y a une autre raison pour que l'oxygène répandu dans l'air ne s'épuise jamais. Les plantes, les arbres et tous les végétaux vivent et grandissent aussi bien que les animaux ; comme ceux-ci ils ne conservent la vie qu'en prenant de la nourriture, qu'en aspirant de l'air d'une certaine qualité et en exhalant d'une autre. Ils prennent leur nourriture par leurs racines ; ils respirent par de petits pores ou trous à la surface fine ou pelure qui couvre leurs feuilles. Or, il arrive que l'espèce d'air dont les végétaux ont besoin pour vivre et se développer, est précisément celle que nous expirons et chassons de nos poumons ; en sorte que l'air mauvais pour les animaux est au contraire l'air bon pour les plantes.

L'haleine des animaux qui s'est mêlée avec l'air est donc pompée par les plantes ; et l'air que celles-ci exhalent en échange est précisément l'oxygène dont les animaux ont besoin.

Ainsi les animaux et les plantes s'aident réciproquement à vivre ; ainsi les légumes et les fruits, outre qu'ils contribuent à notre alimentation, nous fournissent une partie de l'oxygène que nous respirons.

L'air au milieu duquel nous vivons est encore maintenu en état de pureté au moyen du vent, qui nous semble quelquefois si désagréable. Le vent change constamment l'air de place et lui conserve ainsi sa salubrité. Quand l'air est devenu vicié sur un point de l'atmosphère, un courant d'air pur arrivant d'au-dessus des mers, ou de quelque autre lieu où l'air a été moins altéré par l'haleine des animaux, entraîne et chasse toutes les impuretés.

Si vous pouviez *voir* l'air, vous le verriez constamment agité comme les vagues de l'Océan. Quand ces vagues ou courants de l'air sont assez forts pour se faire sentir, nous les appelons le vent ; et c'est par ce mouvement incessant que l'air, qui ne reste pas stagnant un instant, est toujours bon à respirer.

Outre que l'air est nécessaire à notre existence, quel magnifique spectacle nous présente son immensité !

Qu'y a-t-il de plus beau par un jour serein que ces nuages d'azur jetés sur la terre comme une tente splendide; quoi de plus grandiose, en un jour de tempête, que ces grands nuages noirs, frangés d'or et d'argent, qui se précipitent d'un bout à l'autre de l'horizon !

Cependant cet air, si vaste dans son étendue, si fort, si terrible quand il est agité par la tempête, est ordinairement si souple, si tranquille, si peu résistant, qu'il n'empêche pas le vol de la plus petite mouche, et que toutes les créatures, dont il soutient à chaque instant la vie, ont à peine le sentiment de son existence. Est-ce que cette grande atmosphère, enveloppe invisible et cependant soutien de tout ce qui a vie, ne reporte pas nos pensées vers ce Grand Être, invisible lui aussi, sans la présence constante duquel rien dans l'air ou sur la terre n'aurait la faculté de nous maintenir en vie un seul instant?

———

D. Comment les arbres et les plantes contribuent-ils à rendre l'air propre à la respiration des animaux?

R. En exhalant l'oxygène et en absorbant l'air impur.

D. Comment le vent contribue-t-il à la pureté de l'air?

R. En balayant l'air vicié et le remplaçant par des flots d'air frais.

D. Qui nous assure que l'abondance et la pureté de l'air ne pourront jamais faire défaut?

R. Deux raisons : la première, l'immensité de l'atmosphère; la seconde, cette propriété des plantes d'absorber sans cesse le mauvais air provenant de la respiration et d'exhaler l'oxygène nécessaire aux animaux.

VINGT-TROISIÈME LEÇON.

COMMENT L'EXERCICE AIDE-T-IL A LA CIRCULATION DU SANG?

Si vous pouviez porter vos regards dans l'intérieur de votre corps et voir ce qui s'y passe, vous auriez peine à vous figurer que le mouvement vous puisse être bon et utile.

Quand vous verriez le cœur pomper, les poumons souffler, le sang courir, les tendons tirer, les valvules s'ouvrir et se fermer, les muscles s'enfler et se contracter, il est probable que vous seriez plus qu'à moitié effrayé, que vous diriez : « Il ne faut pas que je bouge; il faut me tenir bien tranquille, ou je cours risque de casser ou d'arrêter quelque chose. » L'idée ne vous viendrait pas plus qu'il puisse vous être bon de courir et de sauter, que vous ne croiriez faire du bien à une pendule en la jetant en l'air ou en la traînant sur le chemin. Que notre sort serait misérable s'il en était ainsi; si nous étions condamnés à nous tenir immobiles, debout ou assis à la même place pendant toute notre vie!

Mais nous avons été créés pour travailler, pour être actifs, et non pour nous tenir immobiles; en conséquence, bien que notre corps soit une machine plus délicate, plus compliquée qu'aucune de celles qui soient jamais sorties de la main des hommes, cependant elle est construite de telle façon, qu'elle n'en marche que mieux pour être agitée et transportée çà et là.

Voyez ces garçons jouer aux barres, au cheval fondu, ou faire la culbute; voyez ces jeunes filles courir et sauter à la corde : comme ils secouent, comme ils plient et jettent leur corps en tous sens; et cependant leur petit cœur continue son battement régulier, toc, toc, toc, contre les côtes, et les poumons et tous les autres organes accomplissent leurs fonctions ordinaires, sans être dérangés par tous ces sauts, par tous ces bonds; s'ils vont un peu plus vite par suite de cet exercice, cela leur fait du bien et point le moindre mal.

C'est parce que l'exercice accélère les mouvements du cœur, des poumons et de tous les autres organes, qu'il nous fait tant de bien; et il est toujours préférable qu'il soit pris en plein air.

Les personnes qui passent toute la journée renfermées, qui se tiennent presque continuellement assises, souffrent de maladies et d'indispositions que ne connaissent pas celles qui marchent ou travaillent beaucoup en plein air. Il y a nombre de dames riches qui savent à peine ce que c'est que la bonne santé, parce qu'elles ne sortent jamais qu'en voiture et ne prennent d'autre exercice que de passer d'une chambre à une autre. Il y a un nombre plus grand encore de pauvres femmes qui se portent mal, elles aussi, parce qu'elles sont obligées de passer toute la journée assises à leur ouvrage dans une seule et même chambre.

Ces deux classes de femmes souffrent par suite de la même cause. Leur sang coule trop lentement; il en résulte que toutes leurs facultés vitales sont paresseuses et allanguies. Leur digestion est lente, elles n'ont que peu ou point d'appétit; elles ne dorment pas profondément la nuit, et en conséquence ne sont qu'à moitié éveillées pendant le jour. Elles sont frileuses, elles ont froid aux pieds ou des rhumatismes dans les articulations.

La grande dame enverra peut-être chercher son docteur, qui lui ordonnera des médicaments pour améliorer sa santé, puis elle essayera de stimuler son appétit par toutes sortes d'aliments recherchés. La femme du peuple, qui ne peut payer ni docteur ni mets délicats, se mettra peut-être à prendre des spiritueux pour réchauffer son pauvre corps. Ces deux femmes auront tort. Les spiritueux empireront certainement les choses, et il est plus que probable qu'en fin de compte les médicaments en feront autant. Ce qu'il leur faudrait à toutes deux, ce serait un exercice régulier à l'air libre.

La paysanne, obligée de faire plusieurs kilomètres pour se rendre au marché avec son panier plein d'œufs et de beurre ou de légumes de son potager, a rarement à se plaindre du manque d'appétit ou d'une mauvaise digestion; rarement aussi souffret-elle du froid ou du rhumatisme, à moins qu'elle ne soit vieille. Il pourra arriver qu'elle soit par moment très-fatiguée, quelquefois même brisée par l'excès de travail; cependant, après tout, elle a plus de chance de se conserver en bonne santé que la grande dame, qui ne veut pas prendre d'exercice parce qu'elle ne s'y croit pas obligée, et que la pauvre ouvrière qui ne peut pas en prendre quand elle le voudrait.

Mais comment se fait-il que l'exercice accélère la circulation du sang? Voici l'une des raisons que l'on en donne. Le mouvement de notre corps et de nos membres fait que les muscles ou la chair pressent sur les vaisseaux sanguins, qui sont étendus sous celle-ci. Cette pression force le sang contenu dans les vaisseaux à courir plus vite, comme l'eau renfermée dans un tuyau de cuir coulera plus vite si l'on agite ce tuyau. Le sang ne peut pas retourner au cœur: aussi, quand nous marchons ou que nous prenons un exercice quelconque, il est pressé plus vite dans la direction convenable, à travers les artères et les veines.

Le sang courant plus vite, tout le reste va plus vite aussi. Le cœur est forcé de battre plus vite, les poumons de respirer plus vite, afin que l'air y arrive à temps pour rencontrer le sang; le sang rouge est renvoyé plus vite dans les artères; il entraîne plus vite toutes les matières usées et nourrit plus vite aussi toutes les parties du corps qu'il parcourt. Un mouvement plus accéléré leur donne plus de vie et de force. L'estomac digère mieux, l'absorption intestinale est plus active, la peau transpire mieux, et l'appétit est meilleur, parce que les aliments sont reçus avec plus de plaisir et plus promptement digérés.

D'où il suit que les ouvriers qui travaillent dur et en plein air tout le long du jour ont besoin de plus d'aliments solides et liquides que ceux qui mènent une vie renfermée; comme ils respirent et transpirent plus et plus vite, ils sentent aussi plus tôt les appels de l'appétit et ont besoin de plus de nourriture pour compenser leurs pertes.

L'exercice en plein air accélère la circulation du sang beaucoup plus que celui qui est pris à l'intérieur du logis; car plus le sang est mis en contact avec l'oxygène de l'air pur, plus il a de force et plus vite il circule.

C'est l'exercice et l'usage que nous faisons de chacune des parties de notre corps qui les rendent plus fortes; parce que partout où il y a action et mouvement, le sang afflue immédiatement en plus grande abondance, et c'est ce qui, avec le temps, rend ces parties plus grosses et plus fortes. Regardez les bras d'un forgeron : comme ils sont gros et forts à la suite de l'usage qu'il en fait continuellement! Voyez au contraire les jambes d'un tailleur : comme elles sont minces et faibles la plupart du temps, parce qu'elles sont toujours croisées et n'ont pour ainsi dire aucun exercice! Enfin regardez les soldats, les marins et tous ceux qui exercent leurs membres dans une juste mesure : comme ils sont droits et bien proportionnés !

La conséquence naturelle de tout ceci, c'est que le meilleur genre d'exercice est celui qui met en mouvement toutes les parties du corps.

Nous ne pouvons pas, pour la plupart, choisir le métier ou la profession que nous aimerions le mieux, ou qui conviendrait le plus à notre santé. Nous devons faire notre devoir et travailler du mieux que nous pouvons partout où nous nous trouvons placés, quoi que nous ayons à faire. Il y a des gens que leur profession oblige à beaucoup se mouvoir : à ceux-là il n'est pas besoin de recommander de prendre de l'exercice ; ils en ont peut-être plus qu'il ne leur en faudrait. Mais il y en a d'autres dont l'état exige qu'ils se tiennent debout ou assis toute la journée à la même place, occupés à une seule et même besogne. Si, à l'époque de la croissance, notre état se trouve être l'un de ceux-là, nous devrons tâcher de nous en tirer le mieux possible : par exemple, nous procurer chaque jour au moins une petite promenade en plein air, et, si nous en avons le choix, faire cette promenade de jour, et non de nuit quand l'air est humide. Il ne faut jamais prendre d'exercice violent après un repas solide.

D. Quel bien nous fait l'exercice ?
R. Il accélère la circulation.

6

D. Quel est le meilleur exercice?

R. Celui que l'on prend en plein air, et qui met en jeu tous nos membres.

D. Quel mal résulte-t-il pour nous de ne prendre aucun exercice?

R. Le sang circule lentement, faiblement : d'où il résulte que tous les organes agissent trop faiblement pour conserver leur vigueur et leur santé.

D. Quand doit-on éviter de prendre un exercice violent?

R. Aussitôt après un repas substantiel.

VINGT-QUATRIÈME LEÇON.

DE LA CHALEUR DU CORPS.

Quand il vous est arrivé, par une nuit d'hiver, d'entrer dans un lit froid, n'avez-vous jamais pensé que c'était un fait curieux que votre corps le réchauffât en si peu de temps; que quelque intense que fût le froid que vous ressentiez d'abord, la chaleur de votre corps ramenât et conservât celle du lit, en sorte que vous y dormiez confortablement jusqu'au matin? Il faudrait un très-bon feu pour chauffer les matelas, les draps et les couvertures, aussi intimement que le fait la chaleur du corps.

D'où provient cette chaleur intérieure, la même en été et en hiver, soit que nous éprouvions du froid ou du chaud?

Si nous mourions dans la nuit, notre corps n'é-
chaufferait plus le lit, mais deviendrait aussi froid
que l'air de la chambre. Ce qui prouve que la chaleur intérieure est causée par ce phénomène merveilleux qu'on appelle la vie.

On ne sait pas bien exactement pourquoi partout
où il y a vie animale, il y a développement de chaleur. On admet généralement que cette chaleur est
produite par l'action de l'oxygène sur le sang, comme
celle du feu est causée par l'action de l'oxygène sur le
combustible ; qu'en conséquence la chaleur du corps
est entretenue à la fois par l'air que nous aspirons
et par les aliments qui forment la substance du sang.
La chaleur se produisant dans le sang, c'est le sang
qui la porte dans toutes les parties du corps. Quand
nous mourons, l'action de l'oxygène sur le sang
cesse, le sang ne circule plus, le corps entier devient froid.

Lorsque nous éprouvons une sensation de froid,
c'est seulement notre peau, nos mains ou nos pieds,
qui la ressentent ; intérieurement nous ne sentons
pas le froid, car la chaleur s'y conserve presque toujours au même degré. Quand nous nous asseyons près
du feu et que nous nous chauffons, ce n'est que l'extérieur du corps qui devient plus chaud ; la chaleur
du feu n'élève pas la température de notre sang.
Si nous sautons dans une masse d'eau froide, notre peau seule éprouve la sensation du froid ; notre
sang n'en est pas le moins du monde refroidi. Les

hommes qui travaillent dans des fournaises ardentes, comme les forgerons, les serruriers, les mécaniciens, les ouvriers des fonderies de fer ou des verreries, n'ont pas l'intérieur du corps plus chaud que les pêcheurs et les débardeurs, qui vivent presque constamment dans l'eau froide.

S'il n'en était pas ainsi, si notre sang passait du chaud au froid, comme le fait notre peau, nous ne pourrions nous maintenir en vie qu'en nous calfeutrant, en nous chargeant de monceaux de vêtements, en nous entourant de fournaises ; nous péririons de chaud en été ou de froid en hiver. Il suffirait d'un grand feu dans une chambre ou d'un bain froid pour nous tuer ; car il est démontré qu'un certain degré de chaleur en plus ou en moins dans le sang amène la mort.

Le sang peut devenir plus chaud ou plus froid, mais par des *causes internes* seulement. Par exemple, la fièvre le rend plus chaud ; le manque de nourriture le refroidit. Mais il a une telle faculté de résister à la chaleur et au froid extérieurs, qu'on a vu des hommes se tenir quelques minutes dans un four assez chaud pour cuire le pain, et, bien qu'ils sentissent la chaleur à la peau, leur sang n'était pas sensiblement plus chaud qu'à l'ordinaire. Nous savons, d'un autre côté, par les voyageurs qui ont visité les régions boréales, qu'ils n'ont jamais craint que leur sang vînt à geler, même quand leur haleine se convertissait immédiatement en glaçons.

C'est parce que le sang conserve si étrangement, si merveilleusement, à peu près le même degré de chaleur, quelque chaud ou froid que soit l'air extérieur, que l'homme peut vivre dans tous les climats et supporter toutes les saisons. Les Esquimaux, qui habitent au milieu des neiges et des glaces des régions polaires, ont le sang aussi chaud que nous l'avons dans un jour d'été, tandis que les nègres, qui vivent sous le soleil brûlant des tropiques, ne l'ont pas plus chaud que ne l'est le nôtre dans un jour d'hiver. Bien plus, on dit que quand la saison et le climat sont froids, la chaleur du sang est quelque peu plus grande, et que c'est ce quelque peu de chaleur en plus à l'intérieur qui nous permet de supporter mieux le froid de l'atmosphère.

Peut-être, en dépit de toutes leurs études, les savants ne parviendront-ils jamais à connaître d'une manière certaine la cause pour laquelle le sang, chez un animal vivant, diffère à ce point de tous les autres fluides répandus dans le monde, qu'il conserve toujours à peu près le même degré de température; mais puisque notre existence dépend de cette faculté, n'est-ce pas une nouvelle preuve que, dans sa toute-puissante bonté, Dieu, qui prend soin de notre vie, a bien ordonné toutes choses.

D. D'où provient la chaleur interne du corps?

R. Elle est produite par l'action de l'oxygène sur le sang.

D. La chaleur et le froid extérieurs rendent-ils le sang plus chaud ou plus froid?

R. Non, encore que la surface du corps ait la sensation du chaud ou du froid extérieur.

VINGT-CINQUIÈME LEÇON.

QUAND LE FROID EST-IL DANGEREUX?

Aucune partie de notre corps ne peut éprouver un sentiment de chaleur, à moins que le sang n'y circule librement; la sensation de froid que nous ressentons quand la température s'abaisse, provient de ce que le froid force les petits vaisseaux sanguins à se contracter, en sorte que le sang ne peut plus s'y frayer un libre passage.

La chaleur au contraire les dilate et les élargit, de façon que le sang y afflue plus aisément. Quand il fait froid, votre peau est pâle et semble ridée, parce que les petits vaisseaux se sont contractés, et que par conséquent le sang ne paraît plus à la surface. Mais si vous vous approchez du feu, la chaleur élargit de nouveau les petits vaisseaux, et le sang les pénétrant encore, la peau reparaît pleine et colorée.

Tout ce qui fait courir le sang plus librement sous la peau nous fait éprouver un sentiment de chaleur. Quand vous rougissez, vous savez combien votre peau se colore et s'échauffe, — c'est parce que le sang s'y porte tout d'un coup.

Par une raison analogue, une longue marche, la course, ou tout autre exercice de ce genre, nous réchauffent, même par un temps froid, parce que le mouvement que nous nous donnons envoie le sang plus librement à la peau et dans toutes les autres parties du corps. Quelque abaissée que soit la température, tant que le sang circule librement sous la peau, nous éprouvons une sensation de chaleur.

Quand on dit que le sang circule sous la peau, on ne veut pas dire qu'il aille tout à fait jusqu'à sa surface extérieure, mais jusqu'à la couche interne recouverte par celle-ci. La couche superficielle de la peau, celle qui se lève quand on la couvre d'un vésicatoire, n'a pas de sentiment ni de vaisseaux sanguins. C'est simplement l'enveloppe du corps, destinée à le protéger contre toute injure. Sans cette couche superficielle de la peau, nous éprouverions de la douleur chaque fois que l'on nous toucherait; car la couche sous-jacente est douée d'une très-grande sensibilité, — comme vous vous en apercevez à la douleur cuisante que vous éprouvez quand elle est coupée ou piquée, ou quand la couche superficielle en a été enlevée. Cette couche profonde constitue véritablement la peau, et c'est dans celle-là que circule le sang. Les vaisseaux sanguins s'y pressent en si grand nombre que vous ne pouvez la piquer en aucun point sans intéresser un vaisseau et faire venir le sang.

L'une des principales fonctions de la peau est d'aider le sang à chasser hors du corps les matières inutiles et usées qui s'y produisent.

Ainsi que vous ne l'avez pas oublié, le sang ramasse dans son parcours ces matières usées. Il en porte une partie aux poumons, où elles sont expulsées du corps par la respiration sous forme de mauvais air ou d'humidité; il porte l'autre à la peau, d'où elle est expulsée par la transpiration, qui est composée d'eau et d'une sorte de matière animale graisseuse.

La peau, comme nous l'avons dit dans la troisième leçon, est pleine de trous ou pores. On en compte sur certains points du corps, la paume de la main et la plante des pieds, par exemple, jusqu'à huit cents par centimètre carré, et environ cent à la même surface sur toutes les autres parties du corps. Chacun de ces pores est l'embouchure d'un tube qui, faisant l'effet d'un évier ou d'une gouttière, apporte les eaux impures de l'intérieur à la surface du corps. La quantité de transpiration ainsi écoulée par ces milliers de petits tubes, est au moins d'un demi-litre par jour, et s'élève quelquefois à plus de deux litres.

Or, quand la surface du corps est glacée par son exposition au froid, ces eaux impures, au lieu d'être chassées dehors, demeurent dans l'intérieur du corps, parce que le sang n'a pu les porter à la peau par suite de la contraction des vaisseaux capillaires.

D'après cela, nous ne devons pas nous étonner qu'un refroidissement nous rende souvent très-mala-

des. Si la peau n'accomplit pas sa tâche dans l'excré-
tion des matières nuisibles, quelque autre partie du
corps ayant trop à faire pour s'en débarrasser, s'enflammera et deviendra malade. Il arrivera qu'un sai-
sissement de froid rejettera ces matières nuisibles sur
le foie, et alors il y aura maladie du foie ; ou sur les
intestins, et alors il y aura maladie des intestins ;
mais le plus souvent c'est sur les poumons qu'elle les
rejettera, et alors il y aura ce que l'on appelle un
mauvais rhume ou une inflammation de poitrine.

La souffrance ou la maladie n'est donc le plus souvent que le violent effort fait par quelque organe
particulier du corps pour rejeter les impuretés qui le
gênent, et pour échapper au danger causé par notre
incurie ou notre imprudence.

C'est pourquoi il est toujours dangereux que la
transpiration soit gênée ou empêchée. Nous avons vu,
dans l'une de nos premières leçons, qu'on met obsta-
cle à la transpiration quand on laisse séjourner sur la
peau des saletés qui en obstruent tellement les pores,
que la transpiration ne la peut plus traverser librement. Tant de maladies ont pour cause dans notre
pays un brusque arrêt de la transpiration par le froid,
qu'il ne sera pas inutile de comprendre clairement
ce qui est le plus propre à nous donner un refroidissement, et quand nous y sommes le plus exposés.

Les gens s'enrhument rarement quand ils marchent vite ou prennent un exercice suffisant, parce
qu'alors le sang, affluant avec vigueur, peut résister

au refroidissement de la peau. Il leur arrive bien plus souvent de prendre froid quand ils sont assis ou debout et immobiles, quand ils se sont refroidis dans cette position et que la circulation s'est ralentie, ou bien encore quand ils ont eu trop chaud ou se sont trop fatigués. Nous avons bien moins de chances d'attraper un rhume par un ouragan de vent froid qui nous fouette au visage, quand nous marchons dehors d'un bon pas, qu'avec le plus petit filet d'air pénétrant par une porte ou par une fenêtre entr'ouverte, lorsque nous sommes assis et immobiles à la maison.

Par la même raison, nous pouvons impunément être mouillés jusqu'aux os, tant que nous courons ou que nous marchons vite. Mais si, arrivés à la maison, nous nous asseyons dans nos vêtements humides, le froid nous saisira dès que l'animation et la chaleur de la course seront dissipées, et, à moins que nous ne soyons d'une constitution extraordinairement vigoureuse, nous attraperons un rhume ou peut-être quelque maladie plus grave.

Donc, quand nous rentrons, notre premier soin devrait être d'ôter nos habits, nos bottes ou nos souliers mouillés, et de les remplacer par des vêtements secs ; et si nous n'en avions pas d'autres que nous pussions leur substituer, il vaudrait mieux nous mettre au lit immédiatement, tandis que quelque personne bienveillante ferait sécher nos vêtements, que de les garder trempés d'eau.

Quelques personnes ont terriblement peur de l'eau froide, et se figurent qu'un bain froid ne manquerait pas de leur donner un rhume. Un bain froid ne peut jamais nous donner un rhume, si nous nous y plongeons étant en bonne santé et ayant notre chaleur habituelle, que nous en sortions pour ainsi dire aussitôt, et que nous ne perdions pas de temps pour nous sécher. L'impression de chaleur et de bien-être que nous éprouvons à la peau, après un tel bain, pris de cette façon, nous montre le bien qu'il nous a fait. Mais si, pour nous jeter dans un bain froid, nous attendons que nous ayons froid nous-mêmes et que nous grelottions, comme certains enfants qui restent à trembler au bord de l'eau parce qu'ils n'osent s'y jeter tout d'un coup, ou si nous restons dans l'eau jusqu'à ce que le froid nous ait saisis trop intimement, alors il est probable que le bain nous fera plus de mal que de bien.

L'exposition soudaine à l'air froid ou à l'eau froide si nous sommes bien portants et si nous avons suffisamment chaud auparavant, ne nous fait aucun mal ; nous n'en sortons, au contraire, que plus réchauffés et mieux portants, parce que si le sang est refoulé un moment à l'intérieur, il afflue de nouveau l'instant d'après à la peau et produit une sensation salutaire de chaleur. C'est un long froid continu qui retire le sang en dedans, loin de la surface, et nous donne des rhumes ou quelquefois des maladies plus dangereuses, si nous ne sommes pas fortement constitués. Quand nous sommes forts et bien portants, rien ne contribue si puissamment à nous maintenir tels, que de nous laver régulièrement tout le corps à l'eau froide, ou de prendre un bain froid quand la saison le permet, à la condition toutefois que nous le prenions court, à la condition aussi de bien nous sécher et nous essuyer après.

Cependant ceux qui ont charge d'enfants ou d'adolescents doivent se rappeler que ce qui est utile à des êtres forts et parvenus à toute leur croissance, n'est pas toujours bon pour ces jeunes êtres, dont le corps ne saurait supporter le froid comme celui des grandes personnes. Plus l'enfant est jeune, moins il a la faculté de résister au froid. Beaucoup de mères de famille savent qu'elles doivent tenir chauds leurs bébés; mais plusieurs se figurent qu'on rend un enfant fort et qu'on *l'endurcit* en le baignant, en le lavant à l'eau froide ou en l'exposant à l'air froid.

C'est là une grande erreur; beaucoup d'enfants ont attrapé des rhumes de cerveau ou des inflammations dans les poumons, pour avoir été promenés dehors par des temps froids, la tête découverte et n'ayant pas de vêtements suffisants pour les tenir chaudement. Un petit enfant a besoin abondamment d'air pur pour ses poumons, aussi bien que nous, ou même plus que nous; il a besoin d'être lavé souvent pour tenir sa peau en état de santé; mais son faible corps doit être bien enveloppé et protégé contre le froid; sa peau délicate a besoin d'eau chaude pour ses ablutions, surtout en hiver.

———

D. Qu'arrive-t-il quand nous prenons froid?

R. Les matières nuisibles qui devraient sortir par la transpiration sont retenues à l'intérieur, où elles occasionnent de l'inflammation et des maladies.

D. Quand est-ce que nous sommes plus susceptibles de nous enrhumer?

R. C'est quand le sang ne circule pas avec assez d'énergie et de rapidité.

D. Quel est le meilleur moyen de prévenir les rhumes?

R. C'est de tenir la peau en état de santé, en la lavant et la frottant souvent, et d'entretenir la circulation du sang active, en prenant beaucoup d'exercice a l'air libre.

———

VINGT-SIXIÈME LEÇON.

DANGER DES VÊTEMENTS TROP SERRÉS.

Il y a quelques années, les journaux ont parlé d'une jeune fille qui était tombée morte subitement à l'issue du dîner; le docteur appelé déclara qu'elle s'était tuée pour avoir porté un corset trop serré.

Cette pauvre jeune fille n'est pas la seule qui ait abrégé ses jours pour cette idée absurde qu'une taille mince est jolie. Elles ne savent pas, les malheureuses, ce qu'elles pressent et contractent, quand, chaque jour, elles tirent davantage sur leur lacet.

Nous nous étonnons, nous nous moquons de la folie des dames chinoises, qui renferment leurs pieds dans des souliers si petits, qu'ils ne peuvent y grandir et deviennent avec le temps de vilains petits moignons, à peine en état d'aider en quoi que ce soit la marche. Si nous voyions ces dames chinoises sautiller maladroitement sur leurs pauvres pieds estropiés, nous nous dirions : « Est-il possible que quelqu'un au monde puisse admirer quelque chose d'aussi laid, et que des femmes se soumettent à se gâter ainsi les pieds et à se torturer de cette façon, uniquement parce qu'il est de mode d'en agir ainsi ! »

Mais, dans notre propre pays, nous rencontrons des milliers de jeunes femmes qui compriment et froissent des parties de leur corps bien autrement importantes que les pieds ; qui se réduisent à être haletantes et à suffoquer chaque fois qu'elles se hasardent à courir ; qui s'exposent aux évanouissements et à des maladies de poitrine qui les conduiront au tombeau, et tout cela, pourquoi ? pour se donner l'air d'avoir la taille un peu plus étroite que la nature ne la leur a faite !

Les dames chinoises ne se rendent pas coupables d'une aberration aussi grande ; non pas même les pauvres femmes sauvages qui se passent des anneaux dans le nez et qui se piquent tout le corps afin de le couvrir de tatouages.

Jetez les yeux sur la planche qui représente l'intérieur du corps humain (page 15) : voyez où se trouvent placés le cœur et les poumons ; comme ils sont admirablement disposés pour s'adapter exactement dans la place qui leur est destinée, et y trouver cependant assez d'espace pour tous les mouvements qu'ils doivent exécuter. Le cœur, qui doit battre, est suspendu mollement dans le sac qui le protége ; il est placé entre les deux poumons, et cependant il a assez d'espace pour se dilater et se resserrer, autant qu'il le faut, afin de recevoir et de renvoyer le sang. Les poumons, instruments de la respiration, ont assez d'espace, eux aussi, pour ouvrir leurs milliers de cellules et recevoir la quantité d'air nécessaire pour rendre le sang bien portant.

La plus petite pression sur le cœur en gênera les mouvements ; la plus petite pression sur les poumons fermera quelques-unes des cellules à air, en sorte qu'ils n'en pourront plus recevoir une quantité suffisante.

Pour garantir ces organes délicats de toute pression qui pourrait leur être fatale, la Providence les a renfermés dans une solide boîte osseuse, s'appliquant exactement autour d'eux à l'aide de ses côtes douces et polies, et cependant combinée de façon à se mouvoir en haut et à élargir ainsi l'espace intérieur, chaque fois que le cœur bat et que les poumons se dilatent, de manière que jamais les os ne puissent exercer une pression sur ces organes importants.

Pensez à tout ce qu'a d'ingénieux, d'admirable, un semblable appareil pour préserver de toute injure ces parties d'où dépend si intimement la conservation de la vie; et puis voyez ces femmes qui ont imaginé des étuis d'étoffes résistantes, des cages de baleine et d'acier, qui les bouclent, les sanglent chaque jour sur le cœur et sur les poumons, si durement, si fortement, qu'à la longue les côtes protec-

Pl. 10.

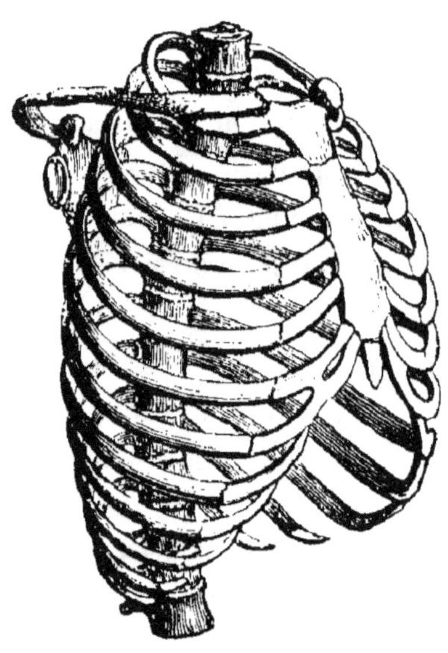

Os de la poitrine.

trices perdent leur forme et finissent par s'implanter dans les parties molles placées au-dessous!

Il est aisé de prévoir ce qui doit arriver d'une absurdité pareille. Par suite de la pression constamment exercée sur eux, les poumons deviennent graduellement plus petits et plus faibles; par conséquent ils ne peuvent prendre assez d'air pour rendre le sang bien portant. Celui-ci circule faiblement parce qu'il n'a pas assez de vie; il ne peut apporter aux diverses parties du corps la nourriture reconfortante qu'il leur devrait. La santé générale s'affaiblit, le corps est enclin aux maladies. Survienne un rhume ordinaire, sans importance pour une personne robuste, les pauvres poumons fatigués, écrasés, ne peuvent lutter, et bientôt se déclare la fatale maladie qu'on appelle consomption ou phthisie pulmonaire.

Une jeune fille se trouverait cruellement traitée si on la renfermait en un lieu où elle n'eût pas une quantité suffisante d'air pour la respiration; on la verrait, souffreteuse, haletante, en demander. Eh bien! elle se traite elle-même plus cruellement encore, quand elle ferme une partie de ses poumons par l'étroitesse de ses vêtements, en sorte que l'air n'y saurait pénétrer.

Les vêtements sont plus chauds en hiver et plus frais en été, quand ils s'adaptent au corps de façon à n'en gêner en rien les mouvements. Les gens de bon sens savent qu'il y a plus de grâce et de beauté dans une taille naturelle, que dans les mouvements brisés, déformés, d'une taille de guêpe, les hautes épaules, les mouvements roides, guindés, que produisent l'acier et la baleine.

———

D. Quand les vêtements sont-ils trop serrés?

R. Quand ils empêchent les poumons de se développer naturellement chaque fois que nous respirons et qu'ils gênent la libre circulation du sang.

VINGT-SEPTIÈME LEÇON.

LA MALADIE DU CORPS ENTRAINE SOUVENT LA MALADIE DE L'INTELLIGENCE.

La plupart des enfants se sentent mieux disposés à prendre leurs leçons, quand ils arrivent à l'école le matin, après la marche qu'ils ont dû faire en plein air pour s'y rendre; la plupart aussi se trouvent plus disposés à y aller après une nuit de bon sommeil et un bon déjeuner, que s'ils devaient le faire quand ils n'ont pas bien dormi ou qu'ils souffrent de la faim.

D'où nous pouvons conclure que ce qui fait du bien au corps est bon aussi pour la partie intelligente de notre être.

Cette partie intelligente, pensante, de notre être, se rattache par un lien que nous ne pouvons comprendre à une substance molle et blanchâtre renfermée dans une boîte ronde très-dure, exactement disposée pour la contenir et la garantir de toute injure. Cette substance est appelée le *cerveau*, et la boîte qui la contient le *crâne*. Chez l'homme, cette boîte est placée au sommet du corps, comme pour montrer qu'elle en fait la plus noble partie. Usez-en bien, cette partie pensante vous élèvera au-dessus des autres animaux; usez-en mal, elle vous mettra bien au-dessous.

Non-seulement nous pensons par le cerveau, mais c'est par le cerveau que nous *sentons*. Si le cerveau est paralysé, il n'y a plus de sentiment dans aucune partie du corps. Les coupures, les piqûres, les blessures, de

Pl. 11.

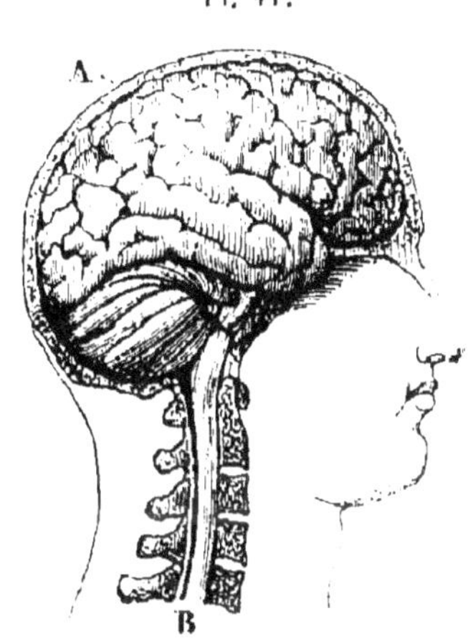

Cerveau et partie de l'épine dorsale.

A. Cerveau.
B. Moelle épinière.

quelque espèce qu'elles soient, ne nous occasionneraient aucune douleur, si le cerveau n'était pas éveillé.

Pour transmettre la sensation partout où il en est besoin, certaines cordes ou fibres, appelées *nerfs*, partent en se ramifiant du cerveau et, comme les fils du télégraphe, portent les messages du cerveau aux différentes parties du corps et lui rapportent nouvelle de ce qui s'y passe.

Si, par exemple, nous avons besoin de remuer le bras, le cerveau en transmet l'avis par les nerfs qui traversent le bras, et celui-ci exécute le mouvement ordonné. Si les nerfs du bras étaient complétement coupés, aucun ordre du cerveau ne pourrait faire mouvoir le bras, pas plus que le télégraphe ne transmettrait de dépêches si ses fils étaient brisés. Le bras, *au-dessous* de l'endroit où les nerfs auraient été coupés, n'aurait plus le sentiment ni la faculté de mouvement, parce que les nerfs qui le rattachent au cerveau auraient été tranchés.

Si quoi que ce soit nous a blessé en quelque partie du corps, le nerf de la partie blessée en transmet la sensation au cerveau, et alors nous avons conscience d'une douleur dans cette partie. Si les nerfs avaient été coupés entre cette partie et le cerveau, la blessure ne nous occasionnerait aucune douleur.

Vous avez entendu parler de gens qui deviennent paralytiques et qui perdent ainsi l'usage de leurs membres. C'est ce qui arrive quand le cerveau ou les nerfs sont tellement malades ou lésés qu'ils ne peuvent plus communiquer entre eux.

Le tronc principal des nerfs est appelé la *moelle épinière*, parce qu'il s'étend le long de l'épine dorsale; comme vous le voyez (planche 11), il part du cerveau. Ce grand tronc envoie à travers les trous de l'épine dorsale des rameaux plus menus; et plus une partie du corps a besoin de sensibilité, plus les rameaux nerveux y abondent.

Encore que nous ne sachions pas comment l'esprit pense au moyen du cerveau, nous savons que l'esprit ne peut pas bien penser, à moins que le cerveau ne soit bien portant, et qu'en grande partie la santé du cerveau, comme celle de toutes les autres parties du corps, se conserve par la circulation régulière d'un sang pur, l'exercice et le repos.

Quand nous sommes obligés de respirer un air vicié dans des salles hermétiquement fermées et pleines de monde, nous en ressentons immédiatement le mauvais effet sur le cerveau. La tête nous fait mal, elle devient lourde et somnolente, c'est une fatigue pour nous de penser. Ainsi, nous entendrons souvent parler de dames qu'on emporte évanouies et sans connaissance du théâtre ou d'autres lieux trop remplis de monde, surtout si elles ont un corset trop serré, qui empêche les poumons d'aspirer le peu d'oxygène qui reste encore dans la salle. Dans ce cas, on porte immédiatement ces dames au grand air, on desserre leurs vêtements : leur cerveau se remet à penser, elles reprennent connaissance, parce que l'air pur a fourni au sang assez d'oxygène pour rendre la santé au cerveau.

Que si des personnes habitent constamment des locaux où l'air est impur, et dans lesquels par conséquent le cerveau ne reçoit que rarement un sang de bonne qualité, il en résultera des préjudices durables. Des maladies nerveuses se déclareront, surtout chez les femmes : elles deviendront faibles d'esprit et timides, sujettes aux maux de tête, ou à des crises de différents genres, incapables de garder leur sang-froid ou de se modérer en quoi que ce soit.

Il en arrive de même quand le sang ne porte pas au cerveau une nourriture suffisante. Les personnes qui ne s'alimentent pas suffisamment ont souvent des maladies nerveuses; d'un autre côté, la dépression de l'esprit suit souvent la fausse digestion, c'est-à-dire l'absorption d'une nourriture trop abondante ou malsaine. Dans l'un comme dans l'autre cas, il n'y a pas eu assez de chyle ou fluide réparateur transmis au sang pour lui permettre d'alimenter convenablement le cerveau.

Quand nous voyons si souvent la paix et le bien-être d'une famille entière détruits par un seul de ses membres, d'humeur nerveuse et chagrine, on n'a pas besoin de nous dire qu'il est de notre devoir de maintenir notre cerveau en bon état par tous les moyens en notre pouvoir.

Voyez comme le fait, dans une famille, d'un seul membre qui ne sait pas se dominer, se répand comme une maladie contagieuse sur la maison entière.

Peut-être est-ce la pauvre mère de famille qui souffre réellement de l'affaiblissement de ses nerfs, et qui ne peut s'empêcher d'entrer en fureur dès que les enfants sont bruyants. Elle s'emporte contre eux en reproches, ou même elle les bat, au lieu de les réprimander avec douceur. Cette conduite aigrit le caractère des enfants; ils s'injurient, ils se battent les uns les autres, et tout va mal dans la maison parce que l'esprit d'amour l'a quittée et que l'esprit de discorde y est entré en sa place.

Ou bien peut-être y a-t-il à la tête de cette famille un père ivrogne, qui a tellement affaibli et abruti son cerveau par la boisson, qu'il n'est plus maître de ses colères et de ses passions. Il maltraite, il injurie sa pauvre femme, jusqu'à ce que, le caractère de celle-ci s'aigrissant, elle lui rende injures pour injures. Les enfants font ce qu'ils voient faire à leur père et à leur mère, en sorte que ce ménage devient un théâtre de luttes et de misère, au lieu d'un asile de paix, de bien-être et d'amour.

Naturellement un esprit faible et un caractère fâcheux ne proviennent pas toujours d'une mauvaise santé. Les uns naissent avec un esprit plus faible, les autres n'ont jamais appris qu'ils doivent modérer leur caractère ; quelques-uns sont si égoïstes qu'ils ne comptent pour rien la peine qu'ils font aux autres par leur humeur hargneuse ou leurs emportements. Mais ceux qui désirent faire ce qui est bien, rendre heureux et contents tous ceux qui les entourent, ceux-là s'efforceront de conserver assez de force d'esprit et de corps pour modérer sans cesse leur caractère et leurs sensations.

Le cerveau a besoin d'exercice comme toutes les autres parties du corps. Nos jambes et nos bras ne deviendront jamais forts, si nous ne nous en servons pas ; notre cerveau ne le deviendra jamais non plus, si nous ne lui donnons à accomplir quelque travail régulier.

L'école n'est pas bonne seulement pour ce qu'on nous y enseigne, elle est encore utile parce qu'elle habitue de bonne heure le cerveau à penser, à réfléchir; en sorte qu'il devienne actif et fort, qu'il nous puisse dire ce qu'il est juste de faire, et comment nous devons agir pendant toute notre vie.

Un monsieur demandait un jour à un petit paysan qui vagabondait dans les champs à quoi il pensait : « A rien, le plus souvent, monsieur, » répondit l'enfant. Or, il y a un proverbe qui dit : « Rien ne se fait de rien. » Il est donc certain que ce petit paysan n'a dû arriver à rien de bon, s'il a continué toute sa vie à ne penser à rien la plupart du temps.

Les directeurs d'asiles pour les idiots disent que la majeure partie de ces infortunés proviennent de localités où il n'existe pas d'écoles pour les enfants, lesquels demeurent par conséquent oisifs toute la journée, et dont le travail, quand ils sont devenus plus grands, ne les force pas d'exercer beaucoup leur cerveau. Ils assurent au contraire qu'il y a très-peu d'idiots dans les lieux où le temps des enfants est bien employé, où l'on cultive leur intelligence, où on leur assigne des travaux dans lesquels la tête n'est pas moins obligée de travailler que les bras.

Le meilleur usage à faire de notre intelligence, c'est de mettre de la réflexion et du bon sens dans toutes nos actions.

Une femme peut savoir lire et écrire, être fort adroite dans les ouvrages à l'aiguille, et cependant ignorer ce qui rend un intérieur confortable, ou ne pas s'en soucier.

Un homme peut être très-remarquable, savoir faire une foule de choses ingénieuses, lire beaucoup de livres et de journaux, prononcer de beaux discours dans les réunions publiques, entendre même très-bien les affaires du pays, et cependant administrer très-mal les siennes propres, causer bien des chagrins à sa famille, parce qu'il ne dirige pas son intelligence dans la seule voie où elle lui serait le plus utile.

Ceux qui sont pauvres, et qui sont obligés de faire beaucoup avec peu de chose, ont besoin de déployer plus d'industrie dans la tenue de leur ménage, que les riches qui ont tout en abondance. La femme qui sait tirer le meilleur parti de tout, acheter au meilleur marché la nourriture la plus saine, la cuire de la meilleure façon sans rien prodiguer, tenir son logement et ses enfants propres, mettre chaque chose à sa place, apprendre à ses enfants à se rendre utiles, le leur apprendre si gentiment qu'ils aiment à faire ce qu'elle leur dit : cette femme-là, quelque pauvre qu'elle puisse être, rendra son intérieur plaisant et confortable.

Prenons, par exemple, ce tableau du ménage d'un pauvre journalier de Liverpool, et voyons ce que peut faire pour rendre heureux son intérieur une bonne femme qui y applique toutes ses facultés :

« Si nous tournons maintenant les yeux vers un

bon ménage d'ouvriers, — et grâce à Dieu il en existe encore, — que verrons-nous? La femme est propre sur sa personne, l'ordre règne dans son ménage : à la seule vue de son intérieur, on peut juger des qualités d'une femme. Le mari est charretier au service d'une compagnie de chemin de fer. L'heure du repas approche. L'homme au visage commun et fatigué par le travail ouvre la porte. le sourire joyeux de sa femme semble lui enlever de dessus le cœur un grand poids. Les enfants ont été habitués à attendre comme un plaisir le retour de leur père et à battre des mains; ils ont aplati leurs petits nez contre les vitres dans leur impatience d'annoncer son arrivée, et la réunion est un plaisir pour toute la famille.

« Si l'homme est mouillé, des habits de rechange l'attendent, ses pantoufles sont devant le feu, et une paire de bas propres pendent à la porte du poêle. Elle a pensé qu'il pourrait avoir froid, aussi a-t-elle eu le soin d'entretenir un bon feu. A-t-il éprouvé quelque contrariété, la journée a-t-elle été dure, a-t-il eu à faire une besogne pénible ou malpropre, est-il disposé à grogner, sa femme est là, pleine de sympathie et de consolations, qui l'encourage par un joyeux : « Ah bah ! n'y pensons plus. »

« Alors vient le repas, — le thé, si vous voulez. Qui pourrait peindre le charme d'un thé dans une telle famille? — La nappe est d'une blancheur irréprochable, le repas confortable et engageant. Sa femme a une foule de choses à lui dire : ce qu'elle a fait, ce que les enfants ont fait, ce qu'ils ont dit, qui est venu la visiter, et combien elle a été heureuse d'avoir des nouvelles de leurs vieux amis, enfin tout ce qui peut lui faire oublier la fatigue et l'ennui. Si tous les maris étaient traités de cette façon, si leur présence à la maison était attendue et fêtée, si leurs soucis étaient chassés par le sourire de la femme et des enfants, — pensez-vous que les cabarets feraient autant de victimes; croyez-vous que ceux qui les tiennent érigeraient de si splendides établissements, et jetteraient tant de mendiants à la charité publique[1] ? »

De ce logement passons à un autre, où la femme n'a jamais appris à faire les choses les plus indispensables pour rendre un intérieur confortable :

« Quand elle était jeune, l'éducation qu'elle aurait pu, qu'elle aurait dû recevoir dans sa famille, elle l'a négligée, afin d'aller dans une classe de danse; elle s'est vêtue de chiffons, au lieu de robes propres et simples. Elle n'a jamais été habituée ou contrainte à tenir propre et rangée même sa chambre à coucher. Que peut-on attendre d'elle, maintenant qu'elle a à tenir le ménage de son mari? Exactement ce que vous voyez. Tout est en désordre : — les tasses, non lavées, sur les chaises; le plateau à thé sur le lit; les serviettes, propres ou sales, jetées pêle-mêle dans un

1. Extrait de *Town Life.*

carton à chapeau ; des taches de graisse, des croûtes et des mies de pain répandues par terre ou sur tous les meubles ; les cendres du foyer amoncelées jusqu'à la grille, les pincettes brisées en deux, le tisonnier plié, pour avoir servi à casser le charbon ou à enfoncer des clous. Tout est sale dans cet intérieur ; et au milieu de tout ce désordre, cette jeune femme est assise malpropre et déguenillée. Personne ne sera surpris d'apprendre que ce mari et cette femme, quoiqu'ils fussent encore jeunes, se prirent tous deux à boire, et qu'ils sont tombés dans le dernier degré de la misère. »

Le temps d'apprendre et de contracter de bonnes habitudes est celui de la jeunessse. Tous ceux qui sont destinés à exercer un état doivent d'abord en faire l'apprentissage, avant d'avoir pris toute leur croissance, quand leurs membres et leurs muscles sont encore jeunes et flexibles. Le tisserand, la couturière, le charpentier, le musicien, s'ils étaient arrivés à l'âge mûr, trouveraient que ce serait une rude besogne que d'habituer leurs doigts à se plier comme l'exige chacune de ces professions.

Il en est de même du cerveau, qui va grandissant jusqu'à un certain âge, et ne se modifie guère dans la suite.

C'est donc surtout de la manière dont nous exerçons notre cerveau dans la jeunesse, que dépend l'usage que nous en pourrons faire pendant le reste de la vie. Quand nous sommes jeunes, nous apprenons plus aisément et plus vite que lorsque le cerveau est fixé et formé. Si au début de la vie nous ne suivons que nos penchants et nos passions, au lieu d'accoutumer de bonne heure notre raison à guider nos actions, il est très-vraisemblable que lorsque arriveront les peines et les difficultés, quand nous aurons besoin d'une intelligence claire et d'une volonté ferme pour la lutte, nous y succomberons, uniquement par le manque de bonnes habitudes que nous n'aurons pas contractées dans notre jeunesse.

Si un jeune garçon emploie ses heures de liberté à flâner sans but, à jouer de mauvais tours aux voisins, à tourmenter des animaux inoffensifs, ce qui est lâche et cruel, il y a bien des chances pour qu'il soit par la suite un pauvre sujet, parce que plus dans sa jeunesse il applique son intelligence à des futilités et des sottises, plus il perd la faculté de l'appliquer dans son âge mûr à des travaux utiles et dignes d'un homme.

La jeune fille qui passe tout le temps qui lui avait été donné pour perfectionner son intelligence et apprendre des choses utiles, à lire des romans stupides, à façonner des chiffons, à fréquenter les salles de danse ou la compagnie de gens qui ne peuvent que la porter au mal, trouvera, quand elle sera devenue une grande personne, peut-être une femme mariée et une mère de famille, qu'il ne lui sera pas facile de tourner son esprit vers les choses dont elle sentira alors que la connaissance lui serait utile.

Si les jeunes garçons et les jeunes filles pouvaient

prévoir quels malheurs les attendent dans l'avenir, faute de réflexion et de savoir, ils se garderaient bien de perdre un instant pour former leur esprit au travail et le diriger vers tout ce qui est réellement utile.

Il n'est presque pas nécessaire de dire à la plupart des jeunes gens que leur cerveau a besoin de repos aussi bien que d'exercice, puisqu'ils sont rarement disposés à trop étudier, et qu'ils trouvent dans leur lit le repos de chaque nuit.

Toutefois, il est bon que chacun sache qu'il est un moment du jour où le cerveau ne doit pas trop travailler : ce moment est celui qui suit un repas copieux.

Le cerveau et l'estomac ne peuvent se livrer en même temps à un travail difficile sans se nuire mutuellement. Quand l'estomac est occupé à digérer, il ne faut pas que le cerveau s'occupe trop à penser. La raison en est que dans quelque partie du corps qu'il y ait à faire un travail spécial, immédiatement le cerveau y envoie une force nerveuse et le sang y afflue en quantité extraordinaire, afin d'aider d'autant la besogne.

Ainsi, au moment où la nourriture vient d'être avalée, l'estomac reçoit une faculté nerveuse additionnelle ; le sang afflue plus vite dans les vaisseaux sanguins pour aider à la digestion, entretenir la chaleur et l'activité jusqu'à ce que cette besogne soit terminée. Il y a donc pendant la digestion moins de sang et d'énergie nerveuse dans le cerveau et dans toutes les autres parties du corps. Après un bon repas, nous nous sentons refroidis et somnolents, parce que le sang et l'énergie nerveuse ont été en grande partie enlevés du cerveau et des autres parties du corps, pour être concentrés sur l'estomac.

Si donc le cerveau se met à travailler beaucoup, précisément au moment où l'estomac digère, le sang afflue précipitamment au premier, et il en reste trop peu dans le second. Cela arrête la digestion et fait que tout va mal dans l'estomac et dans les parties en rapport avec lui.

Nous savons combien une mauvaise nouvelle apprise subitement, ou toute autre chose qui fait une impression trop forte sur le cerveau pendant que nous mangeons, nous enlève immédiatement l'appétit et empêche notre digestion. Ce phénomène est en partie nerveux et provient aussi de ce que le sang a afflué tout d'un coup au cerveau et abandonné l'estomac. En conséquence, si nous avons dans notre journée un peu de temps à donner au repos, il vaut mieux le prendre après notre plus fort repas.

D. Pourquoi devons-nous spécialement faire nos efforts pour tenir notre cerveau en bonne santé?

R. Parce qu'un cerveau malade occasionne souvent des douleurs névralgiques et des inégalités de caractère qui rendent malheureux ceux qui nous entourent et nous-mêmes.

D. Qu'est-ce qui aide à la santé du cerveau?

R. Beaucoup d'air pur, l'exercice à la fois du corps et du cerveau, et une alimentation saine.

D. Comment l'éducation contribue-t-elle à la santé du cerveau?

R. Elle le rend fort et actif en lui donnant un travail régulier.

D. Quelle est l'époque de la vie la plus favorable pour acquérir du savoir et contracter la bonne habitude de penser?

R. La jeunesse, avant que le cerveau ait pris son développement.

D. Dans quel moment n'est-il pas bon que le cerveau travaille beaucoup?

R. Immédiatement après un repas copieux, pendant que la digestion s'opère.

CONCLUSION.

Quand nous songeons à tous les mouvements de cette merveilleuse machine, le corps humain, à tout ce qui se meut constamment au dedans de nous-mêmes, dans la veille ou dans le sommeil, dans la marche ou dans le repos, que nous y pensions ou non, il est difficile que nous n'en concluions pas qu'il faut qu'il y ait en nous quelque pouvoir caché qui dirige chacun de nos mouvements et qui veille sans relâche à notre sûreté.

Chaque soir nous nous couchons pour dormir, et

nous ne craignons pas que le cœur cesse de battre ou les poumons de respirer, pendant les heures où nous allons perdre la conscience de nous-mêmes. Cependant nous ne savons pas quelle cause fait battre le cœur ou respirer les poumons.

Nous mangeons, notre appétit est satisfait, et nous n'y songeons plus; il y a des milliers, des millions de gens qui mangent et satisfont leur estomac, sans se demander comment il se fait que les aliments les nourrissent.

Ils ne pensent guère à l'usine intérieure qui leur est nécessaire pour convertir en sang les substances alimentaires; usine bien autrement curieuse que celles dans lesquelles on fait du gaz avec du charbon, du papier avec des chiffons, du sucre avec le jus de la canne ou de la betterave.

Ils ne soupçonnent guère que leur bien-être, leur santé, leur vie dépend à chaque instant de petites portes ou valvules qui s'ouvrent ou se ferment au moment voulu : de l'épiglotte, qui empêche les aliments de faire fausse route; du pylore, qui s'oppose au passage, dans les intestins, de la nourriture non digérée; des valvules du cœur et de celles des vaisseaux sanguins, qui conservent au sang son cours normal et l'empêchent de refluer en arrière.

Nous aspirons l'air à chaque instant, et nous savons que si nous ne le faisions pas, nous mourrions; mais bien peu d'entre nous savent pourquoi nous respirons, et ce qu'il y a d'invisible dans l'air, qui maintient dans notre corps la chaleur et la vie.

Qu'arriverait-il de nous si le soin nous était laissé de diriger tous ces mouvements intérieurs? si le cœur attendait notre volonté pour battre, ou que les poumons cessassent de respirer parce que nous aurions oublié de les dilater pour recevoir l'air?

Essayez de mouvoir votre bras en avant et en arrière sans vous arrêter et aussi vite que bat le cœur, — quatre-vingts fois par minute,—vous vous sentirez bientôt mal à l'aise, fatigué, et vous serez obligé d'y renoncer; et cependant le cœur, composé des mêmes substances que les muscles qui se meuvent dans le bras, ne se fatigue jamais, ni le jour ni la nuit.

La Providence nous a laissé le soin de mouvoir nos membres, parce que la vie ne dépend pas de leurs mouvements; mais si nous avions à guider ceux des organes dont la vie dépend, la vie même ne serait-elle pas un fardeau pour nous? Pourrions-nous tourner un moment nos pensées sur aucun autre sujet? Pourrions-nous nous aider les uns les autres? Pourrions-nous accomplir la tâche qui nous est assignée ou jouir des biens qui nous ont été accordés?

Et cependant quel est cet agent inconnu, cet agent mystérieux qui met tout en mouvement?

Nous l'appelons LA VIE; mais nous ne saurions dire ce que c'est que la vie; nous savons seulement qu'elle est un don de Dieu, que c'est par lui que nous vivons, que nous agissons, que nous sommes.

La Providence n'a pas plus abandonné à nos soins la marche de cette machine vivante qui est en nous, que l'horloger ne laisse à l'acquéreur d'une montre le soin de tourner chaque roue, de mouvoir chaque ressort qui la fait marcher. Mais de même que le propriétaire d'une montre en prend soin et assure sa marche en la remontant avec régularité, en la tenant propre et en bon état : ainsi Dieu a laissé à notre vigilance l'entretien de notre propre machine, de notre corps, dont la marche bonne ou mauvaise dépend en grande partie du soin que nous en prenons.

PIN.

PARIS. — IMPRIMERIE DE CH. LAHURE
Rue de Fleurus, 9

PARIS. — IMPRIMERIE DE CH. LAHURE
Rue de Fleurus, 9